船舶工匠系列教材
国家级重点技工学校推荐教材

船舶机舱辅助控制系统实训指导手册

赵　磊　崔　伟　陆银杰　主编
董三国　韦方方　主审

哈尔滨工程大学出版社
Harbin Engineering University Press

内容简介

本书共分为六个任务，分别介绍了冷却水温度控制系统的操作、维护及常见故障的分析处理，燃油供油单元自动控制系统的操作、维护及系统故障的分析处理，燃油净油单元自动控制系统的操作、维护及常见故障的分析处理，自清洗滤器自动控制系统的认识，阀门遥控及液舱遥测系统的操作及维护，船舶蒸汽锅炉自动控制系统的认识、维护及常见故障的分析处理。本书力求简明，强调实用性，按照任务式方法编排，贴合船舶生产实际。

本书主要作为职业院校船舶工程技术专业教材，也可供船舶工程技术人员参考。

图书在版编目(CIP)数据

船舶机舱辅助控制系统实训指导手册 / 赵磊，崔伟，陆银杰主编. — 哈尔滨：哈尔滨工程大学出版社，2020.11

ISBN 978-7-5661-2821-8

Ⅰ.①船… Ⅱ.①赵… ②崔… ③陆… Ⅲ.①船舶-机舱-辅助系统-中等专业学校-教材 Ⅳ.①U664.82

中国版本图书馆 CIP 数据核字(2020)第 223381 号

选题策划 史大伟 薛 力
责任编辑 张 曦 刘海霞
封面设计 李海波

出版发行 哈尔滨工程大学出版社
社　　址 哈尔滨市南岗区南通大街 145 号
邮政编码 150001
发行电话 0451-82519328
传　　真 0451-82519699
经　　销 新华书店
印　　刷 哈尔滨市石桥印务有限公司
开　　本 787 mm×1 092 mm 1/16
印　　张 6
字　　数 127 千字
版　　次 2020 年 11 月第 1 版
印　　次 2020 年 11 月第 1 次印刷
定　　价 21.00 元
http://www.hrbeupress.com
E-mail:heupress@hrbeu.edu.cn

前　　言

近年来，我国造船工业飞速发展，其在国防工业和国民经济中的地位越来越突出，在此背景下，船舶工程技术专业中等职业教育也得到了蓬勃的发展。船舶机舱辅助控制系统是船舶工程技术专业的一门重要的专业课程。为贯彻《国务院关于加快发展现代职业教育的决定》和《教育部关于深化职业教育教学改革 全面提高人才培养质量的若干意见》精神，落实《上海市人民政府关于大力发展职业教育的决定》中提出的“推动国家产业发展急需的示范专业建设”的要求，进一步推进学校专业的内涵发展、特色发展和创新发展。江南造船集团职业技术学校面向国际水平专业的前沿方向，瞄准全国最优专业，顺应船舶工业发展的形势，满足船舶工程技术专业中等职业教育人才培养的需要，遵照“必需、够用”的原则，以培养适应技术进步和生产方式变革，以及社会公共服务需求的高素质劳动者和知识型、发展型技能人才为目标，组织编写了本书。

本书以钢质海船的建造为背景，介绍了冷却水温度控制系统的操作、维护及常见故障的分析处理，燃油供油单元自动控制系统的操作、维护及系统故障的分析处理，燃油净油单元自动控制系统的操作、维护及常见故障的分析处理，自清洗滤器自动控制系统的认识，阀门遥控及液舱遥测系统的操作及维护，船舶蒸汽锅炉自动控制系统的认识、维护及常见故障的分析处理。

参加本书编写工作的有赵磊、崔伟、陆银杰，本书由董三国、韦方方担任主审，李斌等参加了部分审稿工作，在此表示衷心的感谢！

由于作者水平有限，书中疏漏甚至错误之处在所难免，敬请读者批评指正，以便在今后的教学和再版时改正。

编者

2020 年 6 月

目　　录

任务一　冷却水温度控制系统的操作、维护及常见故障的分析处理

【学习目标】

1. 了解冷却水温度控制系统的组成及基本工作原理。
2. 掌握冷却水温度控制系统操作、维护及常见故障分析。

【知识准备】

冷却水温度控制系统的组成及基本工作原理：

船舶柴油机在运行时，气缸套和气缸盖都需要用淡水来冷却。把冷却用的淡水温度控制在给定值或给定值附近，对保证柴油机安全、可靠和经济的运转十分重要。其控制方法是把气缸冷却淡水分成两部分：一部分通过淡水冷却器，用海水冷却淡水使淡水温度降低；另一部分不通过淡水冷却器，与经过冷却的淡水混合，然后进入柴油机气缸的冷却空间。如果冷却水温度高于给定值，应减少不经冷却器的旁通水量，增加经冷却器的水量，使冷却水温度降回到给定值；反之，若冷却水温度低于给定值，则应增加不经冷却器的旁通水量，减少经冷却器的水量，使冷却水温度回升到给定值。柴油机冷却水温度自动控制方式可分为直接作用式、基地式、单元组合式和现场总线微机控制式几种。小型柴油机上多使用简单的直接作用式；基地式和单元组合式在目前船舶中还有使用，但随着技术的发展将逐渐退出市场。在新造船舶中，现在使用的多为现场总线微机控制式。

电动冷却水温控制系统原理图如图 1－1 所示。它由电动调节器、开关、限位开关、过载保护继电器、三相交流伺服电机 M 及由它带动的三通调节阀等部分组成，并且还需要外加电源。电动调节器是基地式仪表，它把测量、显示、调节各单元及相应的开关元件组装在一个控制箱内。系统的基本工作原理如下。

该系统能实现比例微分控制作用。它将测量单元热敏电阻 T_{802} 插在气缸冷却水进口管路中，其电阻值随冷却水温度的升高而减小，经分压器分配，就把冷却水温度的变化，成比例地转变成电压信号。这个表示冷却水温度测量值的电压信号与由电位器调定的代表冷却水温度给定值的电压信号相比较，得到偏差值 ε。这个偏差值经比例微分控制作用输出一个连续变化的控制信号送到脉冲宽度调制器，脉冲宽度调制器把电动调节器输出的连续变化的控制信号调制成脉冲信号。若冷却水温度高于给定值，脉冲信号使减少输出接触器

断续通电，组合开关 SW_1 断续闭合。若冷却水温度低于给定值，脉冲信号使增加输出接触器断续通电，组合开关 SW_2 断续闭合。

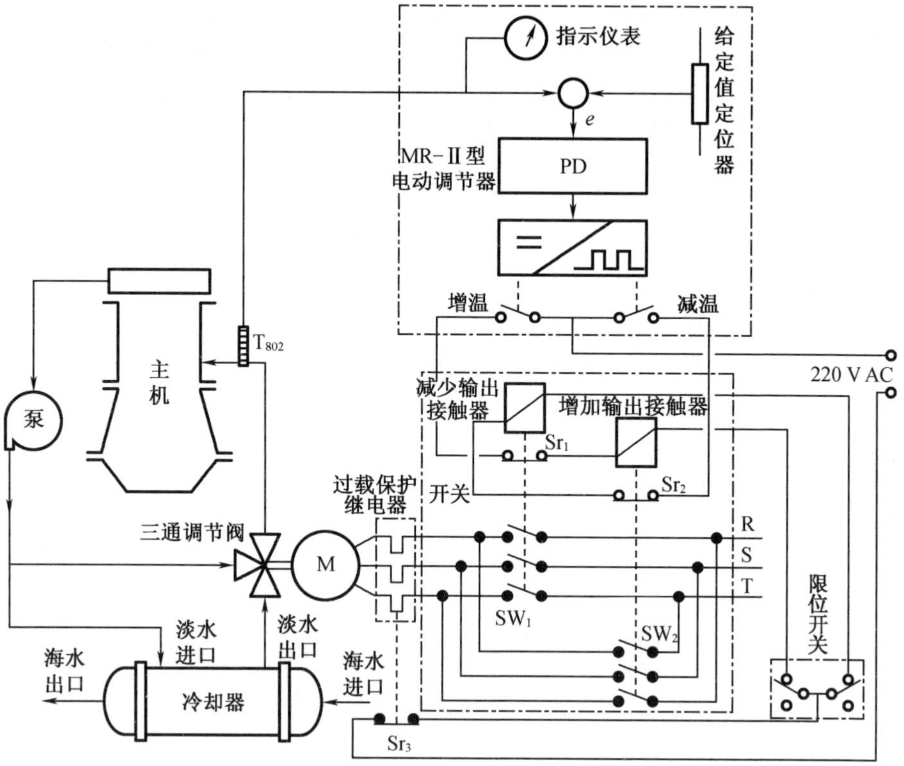

图 1－1　电动冷却水温度控制系统原理图

执行机构是一个三相交流伺服电机 M，在它的轴上经减速传动装置带动两个互成 90°的平板阀。一个阀控制旁通淡水量，另一个阀控制淡水经过冷却器的流量。当 SW_1 断续闭合时，伺服电机 M 将断续正向（从操作手轮侧向电机方向看为逆时针）转动，关小旁通阀，开大经冷却器的淡水阀，使冷却水温度降低。当 SW_2 断续闭合时，伺服电机 M 将断续反向（顺时针）转动，使冷却水温度升高。这样，可保证冷却水温度稳定在给定值或者给定值附近。当冷却水温度测量值等于或者接近给定值时，调节器无输出，减少输出接触器和增加输出接触器均断电，组合开关 SW_1 和 SW_2 均断开，伺服电机 M 停转，三通调节阀的开度不变。

在 SW_1 和 SW_2 的电路中串联了一个限位开关和一个由过载保护继电器控制的开关 Sr_3。若某些故障使伺服电机 M 电流过大时，过载保护继电器动作，使开关 Sr_3 断开。SW_1 和 SW_2 断电，其相应的组合开关断开，切断伺服电机 M 的电源，保护电机不会因过热而烧坏。限位开关在一般情况下，其触头是合于 A，当伺服电机 M 带动三通调节阀中的平板阀转到接近极限位置时，触头 A 断开，使 SW_1 和 SW_2 断电，切断伺服电机 M 的电源，防止平板阀卡紧在极端位置,使伺服电机 M 回行时动作不灵敏,或因启动电流过大而引起过热。在接触器 SW_1 和 SW_2 的通电回路中,分别串联了 SW_1 和 SW_2 的常闭触头 Sr_2 和 Sr_1 其作用是互相连锁,防止 SW_1 和 SW_2 同时通电。

【任务实施】

一、操作管理要点

电动调节器正面面板的布置如图 1-2 所示,它是由一个温度表 A 和 5 块插板组成的。

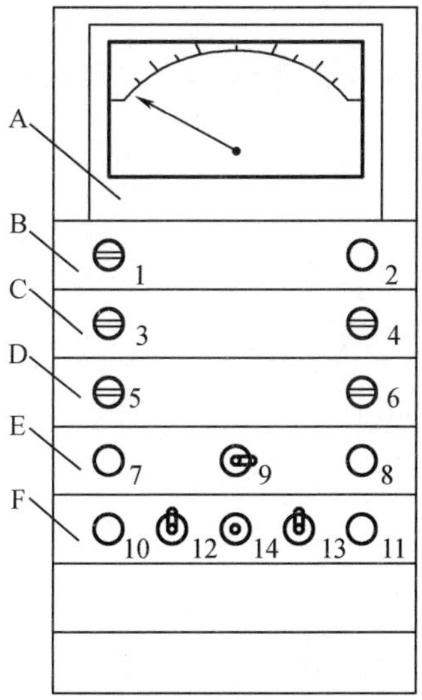

图 1-2　电动调节器正面面板的布置

温度表 A 实际是一个电流表,它与插板 B 相连,把 0 ~ 1 mA 的变化范围按比例转换成 0 ~ 100 ℃的刻度,用来指示冷却水温度的实际值或给定值。

插板 B 是测量电路。旋钮 1 用来整定给定值;按钮 2 是温度指示转换开关,拔出按钮,温度表 A 指示冷却水温度的测量值,按下按钮,温度表 A 指示冷却水温度的给定值。

插板 C 是比例微分调节电路。旋钮 3 和旋钮 4 分别用来整定微分时间和比例带。

插板 D 是脉冲宽度调制电路。旋钮 5 用来调整不灵敏区,旋钮 6 用来调整脉冲宽度。

插板 E 是继电器和开关电路。7 和 8 是电机 M 的转动方向指示灯;9 是手操开关,当自动控制系统出现故障时,可扳动手操开关 9 使电机 M 转到希望的位置上。

插板 F 是电源和“手动 - 自动”切换电路。10 和 11 是保险丝;12 是“手动 - 自动”选择开关,扳到右边是“自动”位置,扳到左边是“手动”位置;13 是电源主开关,扳到右边主开关合上，扳到左边主开关断开；14 是电源指示灯。

1. 控制系统投入工作的操作

先把开关 13 扳到右边位置，接通主电源，电源指示灯 14 亮。若不亮，可拔出保险丝 10 和 11，更换烧坏的保险丝。电源正常后，按下按钮 2，转动旋钮 1，使温度表 A 指示在给定值上。再把按钮拔出，让温度表 A 指示冷却水温度的测量值，把开关 12 扳到左边位置，扳动手操开关 9 将冷却水温度调节到给定值附近。然后把开关 12 扳到右边位置，从而可实现无扰动切换，自动控制系统就可投入工作。

2. 参数调整

控制系统安装以后，不要轻易调整调节器的比例带、微分时间和脉冲宽度。确实发现动态过程不理想（观察温度表指针向给定值方向恢复很快，或指针波动较大），可适当调整比例带、微分时间或脉冲宽度，但每次调整量要小。每调整一次都要认真观察温度表指针变化情况，直到调好为止。

二、故障分析

在自动控制系统工作的过程中，如果温度指示的测量值与给定值之间有较大的偏差，而指示灯 7 和 8 都不亮，说明电机 M 没有转动。这时，必须把开关 12 立即扳到左边位置，然后扳动手操开关 9，如果此时电机 M 可按逆时针和顺时针方向转动，说明控制系统出故障。可分别抽出 B、C 和 D 板，人为地输入一个信号，观察其输出端是否有变化。哪块板输出不发生变化，故障就出在哪块板上。换一块备件板，控制系统就能恢复正常工作，若扳动手操开关 9 时，电机 M 仍不转动，说明自动控制系统没有故障，故障是出在执行机构中，如电机 M 烧毁或卡死，过载保护继电器动作切断了电机 M 的电源等。如果扳动手操开关 9，电机 M 只朝一个方向转动，而不朝另一个方向转动，可能的原因是减少输出接触器或增加输出接触器的线圈断路，或者它们的触头因磨损、烧蚀而不能闭合，要及时检查修复。

【实训指导】

一、操作训练的设备和器材

操作训练的设备包括缸套冷却水温度控制系统模拟面板和控制系统实际设备。

1. 模拟面板结构组成

模拟面板位于控制柜的正面，包括：

①冷却水温度控制系统结构图，如图 1 – 3 所示；

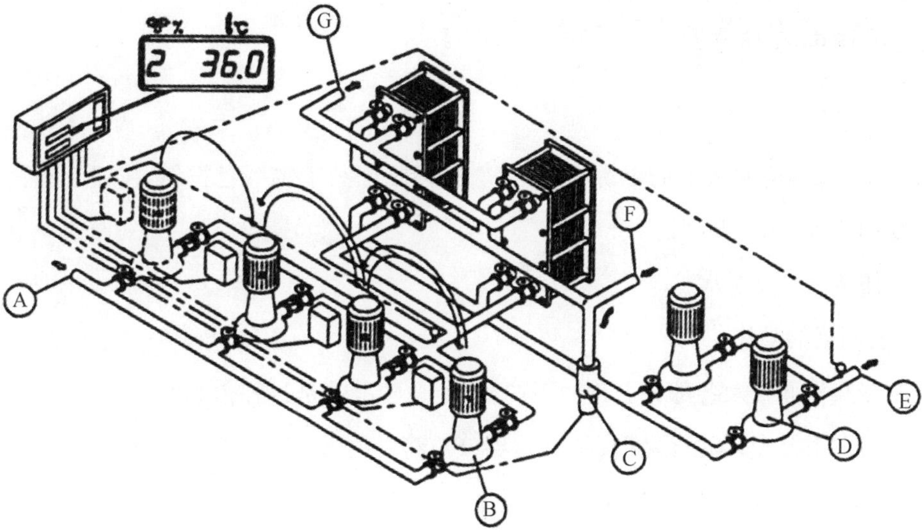

A—海水入口;B—海水泵;C—LT 调节阀;D—淡水泵;E—淡水出口;F—淡水入口;G—海水出口。

图 1－3　冷却水温度控制系统结构图

②冷却水温度控制器;

③温度模拟电位器。

2. 控制系统实际设备

控制系统实际设备包括:

①温度传感器;

②电动三通温度调节阀;

③温度调节器;

④实训台架。

系统中的温度控制器为 OMRON E5EN 型 PID 控制器,调节阀为电动三通温度调节阀,传感器采用 PT100 热电阻温度传感器,这些均为实船控制系统所采用的设备。

在实船系统中,温度传感器根据缸套水出口温度的实际值高低输出大小不同的电阻值,传送给控制器。控制器根据温度设定值和测量值形成的偏差,按照 PID 规律输出控制量,传送至温度调节阀,改变控制阀旁通口和冷却口的开度。

在实训系统中采用模拟面板上的温度模拟电位器来模拟 PT100 的阻值,用以模拟测量温度的变化。顺时针旋转电位器,阻值增大,所模拟的温度值也增大;反之,温度值减小。

二、操作内容与步骤

1. 准备工作

设备供电，模拟面板上的电源指示灯亮；按模拟面板上的绿色按钮，按钮灯亮，使控制器和温度调节阀通电。

2. 操作步骤

（1）控制器的操作

控制器操作面板及各部分名称如下："显示 1"显示的是过程值（PV），即冷却水实际温度值。在实训系统中，调整温度模拟电位器，PV 将随之改变。顺时针旋转电位器，电阻值增大，所模拟的温度值增加，即 PV 增大；反之，PV 减小。

"显示 2"显示的是设定值（SV），即设定温度值。设定温度可以通过"UP 键"[∧]和"DOWN 键"[∨]调整，按"UP 键"使设定值增大，按"DOWN 键"使设定值减小。

控制器通电后的状态为默认的操作菜单，通过操作[⟲]、[○]、[∧]和[∨]等键可进行菜单切换和参数滚动及修改。

[⟲]键用于窗口滚动，在任一菜单模式下，均可通过操作[⟲]键来滚动显示相应的内容。

[○]为菜单键，短按[○]键（少于 1 s）进入参数调整菜单，进入参数调整菜单后，通过操作[⟲]键进行滚动显示。例如显示比例带（P）、积分时间（I）和微分时间（d）等，如果认为需要调整，则通过操作[∧]键和[∨]键进行调整。再次短按[○]键退出调整菜单。

长按[○]键（至少 3 s）进入初始设定菜单，按住[○]键超过 1 s 退出初始设定菜单。同时按住[○]键和[⟲]键至少 3 s，进入保护菜单，同时按住[○]键和[⟲]键至少 1 s 退出保护菜单。

（2）温度控制模拟实训

①观察当前实际温度值、设定温度值和三通调节阀进出水口的开度。结合反馈控制系统基本理论知识，对当前状态进行合理解释。

②将设定值设置在一个符合实际情况的某一温度值，调整温度模拟电位器，使模拟实际温度向设定值慢慢靠近，并最终使模拟实际温度和设定值相等，观察调节阀动作过程及最终状态。

③改变其参数，如改变比例带、积分时间和微分时间，重复（2），观察调节阀的动作，比较参数改变前后的差异，并给予正确解释。

任务二　燃油供油单元自动控制系统的操作、维护及系统故障的分析处理

【学习目标】

1. 了解燃油供油单元自动控制系统的组成及基本工作原理。
2. 掌握燃油供油单元的控制过程。
3. 掌握燃油供油单元自动控制系统的操作、维护及系统故障处理。

【知识准备】

ALFA LAVAL 公司生产的燃油供油单元 FCM,是新一代用于船上的燃油供给与自动控制系统,是专门为燃油系统的自动监视和燃油黏度控制而设计的。控制系统中最核心的设备包括黏度传感器 EVT20、温度传感器 PT100、控制器 EPC-50B、蒸汽调节阀(或电加热供电单元)和燃油加热器,可实现燃油黏度或温度的自动控制;除此之外,系统还对供油泵、自动滤器、循环泵、柴油/重油自动转换实现全面的自动控制和监测。

其黏度传感器 EVT20 和控制器 EPC-50B 无论在结构上还是在工作原理上都有根本的改变。黏度传感器 EVT20 和控制器 EPC-50B 均用微型计算机取代常规的变送器和控制器。在系统中可采用蒸汽加热器(SHS),也可采用电加热器(EHS)或者两者兼用。柴油或重油经转换后,由控制器 EPC-50B 根据选择的加热器控制加热,并同时在线测量油温度和黏度,由控制器 EPC-50B 根据选择的控制方式进行温度或黏度的自动控制。

一、燃油供油单元自动控制系统的结构组成及基本工作原理

燃油供油单元自动控制系统的结构组成如图 2－1 所示。其总体上可以分为供油处理系统、燃油黏度或温度自动控制系统、油泵电机和滤器自动控制系统等部分。

供油处理系统由重油日用柜、柴油日用柜、柴油/重油转换阀、燃油供给泵(供油泵)、燃油自动滤器、流量变送器、压力变送器、混合管(混油筒)、燃油循环泵、燃油回油管系等设备组成。燃油供给泵的压力由压力变送器(PT)检测,用于控制器分析判断供给泵的状态。供给泵的流量由流量变送器(FT)检测,用于控制器分析柴油机的耗油情况。在自动滤器的前后装有压差开关(PDS),用于滤器脏堵报警的检测,当滤器进出口压差达到设定值时,控制器发出报警,滤器排污电磁阀可执行滤器自动排污。脱气模块包括带脱气的混合管、浮子

开关和脱气阀,用于供油和加热后与主机的回油混合,并使油气分离,当气体达到一定量时,浮子开关动作,控制系统控制脱气阀打开,使油路中的气体返回日用柜。循环泵(CPB)用于向柴油机提供需要的油压,可以通过压力变送器来检测。主机的回油通过压力控制阀和管系回送到混合管,进行脱气处理。

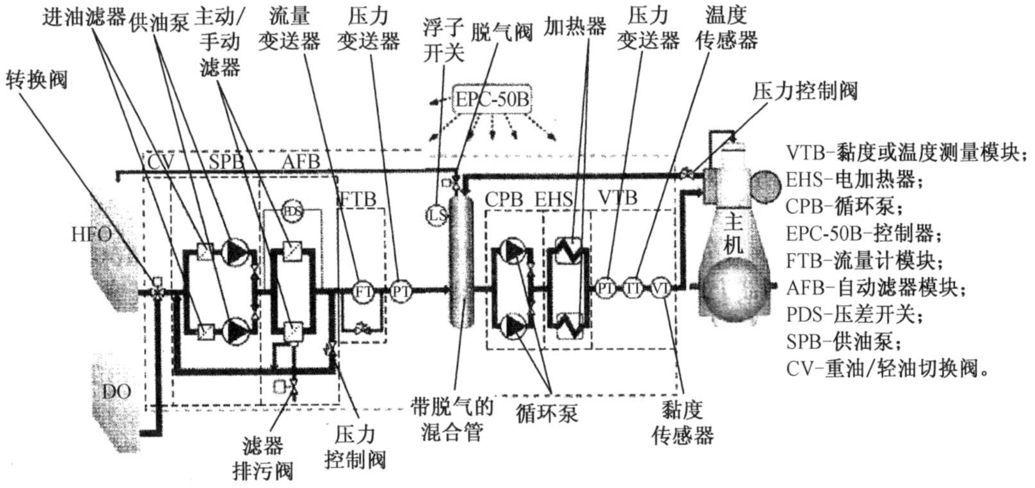

图 2-1 燃油供油单元自动控制系统的结构组成图

在燃油黏度或温度自动控制系统中,若采用电加热器(EHS),则由两个电加热供电单元分别对两个电加热器的燃油进行加热,作用有三:一是提供足够的加热量,确保燃油能够得到加热;二是可以方便地控制加热速度的快慢,需要快速加热时,两个电加热供电单元可同时满额工作;三是两个电加热器可以互为备用,保障了电加热器的安全使用。若采用蒸汽加热,也是由两个加热器组成,电加热器(EHS)被蒸汽加热器(SHS)代替。蒸汽从外部引入,经过蒸汽调节阀送到两个蒸汽加热器,然后从本系统流出至热水井。由控制器 EPC-50B 通过继电器触点输出,控制伺服电机 M 动作,从而改变蒸汽调节阀(SRV)的阀门开度。另外,加热器还可以选择使用热油作为加热源,控制方式与蒸汽加热相同,也是通过调节阀来控制加热量的。有的系统配置两个不同类型的加热器,典型的配置是一个蒸汽加热器和一个电加热器,既可方便控制加热,又能实现互为备用。在实际系统中除采用并联外,还常采用串联配置。如图 2-2 所示是常见的两个加热器配置方案。

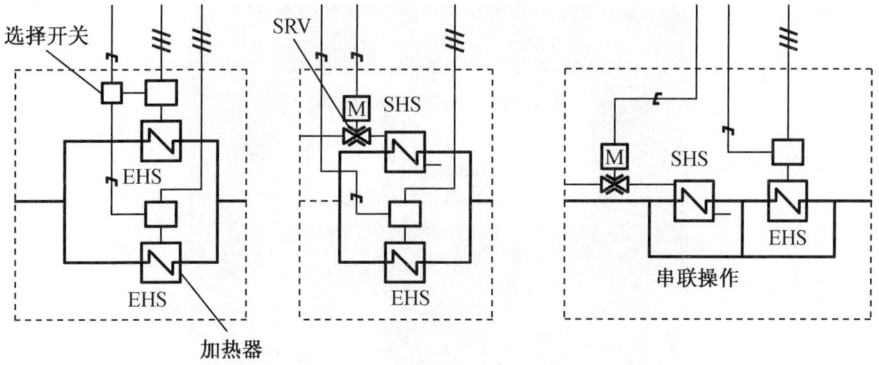

图 2-2　常见的两个加热器的配置方案

无论采用哪种加热方式，燃油温度均由温度传感器（TT）PT100 检测，由控制器 EPC-50B 按照事前设定的 PI 控制规律来调节加热器的加热量，从而实现燃油温度自动控制。如果系统选择黏度控制方式，不仅需要黏度传感器 EVT20 检测燃油黏度，还需要温度传感器 PT100 检测燃油温度，并由控制器 EPC-50B 按照 PI 控制规律来调节加热器的加热量，从而实现燃油黏度的自动控制。如果执行器件是蒸汽调节阀，则控制器给出"增加"或"减少"信号去控制伺服电机 M 动作，直到阀门开度检测信号（0 ~ 2 kΩ 电阻信号）与输出要求一致；如果是电加热供电单元，则控制器 EPC-50B 输出最多 5 挡加热控制（根据加热器容量和控制输出挡位设定决定），由温度控制系统实现温度闭环控制。另外，控制器上配有手动/自动选择操作和手动加热量增加/减少（或加热挡位选择）操作，可以在需要时通过操作面板采用手动加热控制。控制系统除了对燃油黏度或温度进行自动控制以外，还能对柴油/重油转换阀进行自动控制，为保证转换正确可靠，实际回路中装有限位开关来检测转换阀的具体位置，并将检测信号送给控制器。

由油泵电机启动箱实现电机的启动、停止控制，每个启动箱对应一台电机，带电源开关、电流表和指示灯。此外，系统还配有安装在本地操作面板上的选择开关，用于选择 Manual、Stop、EPC、Remote，当选择 EPC 时，即油泵由控制器 EPC-50B 自动控制，两套油泵之间互为备用，可实现备用油泵自动切换运行控制。另外，自动滤器也是由本地操作面板选择手动清洗、手动关、自动控制，当选择自动控制时，由控制器 EPC-50B 根据设定时间和压差开关（PDS）来控制滤器的自动清洗。当油泵电机或自动滤器选择"Remote"时，则由 FCM 远程（集控室）操作面板或微型计算机进行控制。

控制器 EPC-50B 是整个系统的核心单元，由主控制板、本地基本操作面板组成，如图 2-3 所示。另外，可根据需要选配 FCM 远程操作面板，如图 2-4 所示。

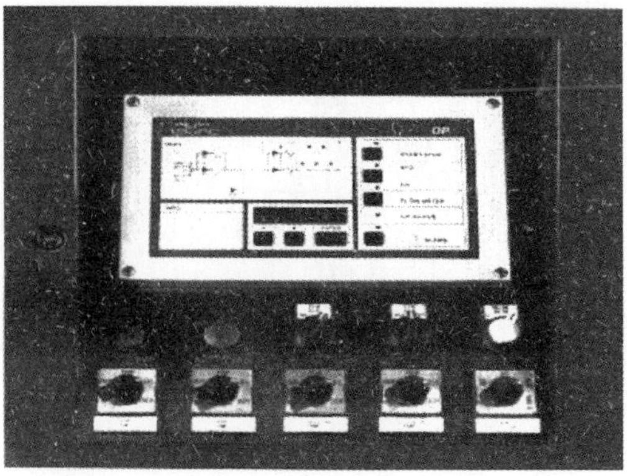

图 2 – 3　控制器 EPC-50B

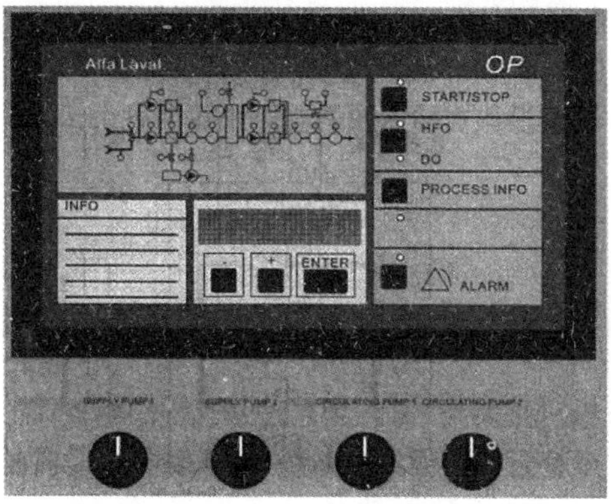

图 2 – 4　FCM 远程操作面板

控制器 EPC-50B 的主控制板与下节分油机控制中的 EPC-50 硬件上是一样的，也是微型计算机（单片机）控制系统。但是由于控制对象的不同，外围输入输出不同，输出继电器扩展板和通信扩展板因需求不同配置也不同，所以配置的软件不同，故在本系统中用 EPC-50B 来表示。另外，有 4 个不同级别的操作模块，分别为基本级、扩展级、高级扩展级和全自动级。基本级即本地操作面板，是基本配置，可实现柴油/重油转换控制、燃油加热控制、报警控制、油泵自动切换控制、自动滤器控制及操作面板上相关状态和测量值的信息显示等功能，其他级则扩展为可远程控制。

控制器 EPC-50B 主要分为三部分：一是电源，由滤波装置和多输出变压器实现；二是主控制板，安装在控制箱内；三是操作面板（OP）。主控制板与操作面板通过异步串行通信实现数据交换。主控电路板接收安装在 FCM 管路上的各种变送器和传感器信号，经分析和处理后，输出控制信号使各种阀件或电器动作，实现柴油/重油转换控制、燃油温度或黏度控制、报警控制、油泵自动切换控制、自动滤器控制等。同时，FCM 的运行状态也可通过在主控电路板通信接口与 OP 联系，由 OP 上的一系列发光二极管及信息显示窗进行指示，实现良好的人机交互。

控制器 EPC-50B 的操作面板采用单片机 P80C32 实现显示控制、按键输入处理和与主板信息交换等功能。结构上分为两块电路板：一块为单片机主板，包括中央处理器（CPU）、内存、字库存储器、通信接口和显示驱动模块等；另一块为专用信息显示控制器，显示需要的发光二极管（LED）和字符。

操作面板右侧有 4 个按钮和对应的状态指示灯，最上面的第一个按钮是启动/停止按钮，第二个按钮是柴油/重油转换按钮，第三个按钮是过程信息按钮，第四个按钮是报警复位按钮。

操作面板正面左上部是 FCM 基本状态及流程模拟图，当前基本状态可以完整显示。具体参数可以通过左侧下方的信息显示窗来显示，并可通过“+”“-”来翻看需要显示的参数值；在发生故障时，显示立即启动，切换到显示当前最新故障内容；另外，还可用“ENTER”翻看主要参数，配合“+”“-”可以实现参数的修改操作。

二、测黏计工作原理

FCM 中燃油黏度控制系统采用黏度传感器 EVT20，其整体上包含两部分，一是传感器本体部分，二是含控制和信号处理的电路板。本体装在燃油输送管道内，电路板安装在控制器 EPC-50B 主板上部。传感器本身由不锈钢制成，安装在油路中。传感器的探头及流管经过特氟龙表面特殊涂层。传感器还自带约 5 m 长的信号电缆，用于连接电路板（即传感器与电路板间两线的最长距离约 5 m）。

黏度传感器 EVT20 的测量工作原理是基于流动燃油的黏性对钟摆的旋转振动有阻尼作用。如图 2-5 所示，黏度传感器 EVT20 由一个钟摆通过一个扭力管附在底盘上组成，两套压电元件位于钟摆内部，一套驱动钟摆旋转振动；另一套作为两个检测传感器，均用来测量钟摆的振动，一个作为反馈信号来控制驱动用的压电元件，调节控制频率和幅值，以维持钟摆以共振频率振动，另一个作为信号供系统采样计算黏度使用。振动压电元件的信号由控制板提供，电路板内的单片机 CPU 通过测量出该共振频率下两个压电元件振动信号间的特定相位偏差值，从而可获得一个表示燃油阻尼性质的值，而该阻尼与黏度的平方根成比例。保护管安装在钟摆周围，保护其不受机械损伤。在钟摆内还内置了一个温度传感器 PT100（图上未画），用于检测钟摆内的温度，供微机校正和补偿黏度测量中由温度引起的误差。

为了产生钟摆振动，需要振动源提供给压电元件；为了检测钟摆振动情况，需要对振动进行测量，所以需要一块电路板来实现控制与检测。由于黏度传感器 EVT20 是第三方产品，可以单独安装，有的系统单独安装在一个金属控制盒内。在 FCM 系统中，将黏度传感器

EVT20 的电路板安装在控制器 EPC-50B 主控制板上(是两块单独的电路板叠放在控制器 EPC-50B 的主板上),其中下边一块为电源板,输入双路 17 V 交流电源,通过整流滤波稳压后向黏度检测主板提供 ±15 V 和 5 V 电源。该控制板与黏度传感器 EVT20 的连线(包括两对线)用于检测振动的压电元件,一对线用于压电元件的振动源,还有三根线用于温度传感器 PT100,因此共需要用到电缆线中的 9 芯。电路板内采用单片机控制系统,检测转换响应时间小于 1 min,将检测到的信号转换为 4 ~ 20 mA,则对应的黏度为 0 ~ 50 cSt,瞬时误差范围为 ±2%。由于黏度传感器 EVT20 及其电路板是第三方提供,所以系统采用简便的 4 ~ 20 mA信号实现传感器向控制器 EPC-50B 主控制微型计算机传送。黏度传感器 EVT20 内的温度传感器 PT100 除自身需要黏度校正使用外,还可通过本电路板转换,选择 4 ~ 20 mA输出,供控制器 EPC-50B 使用。

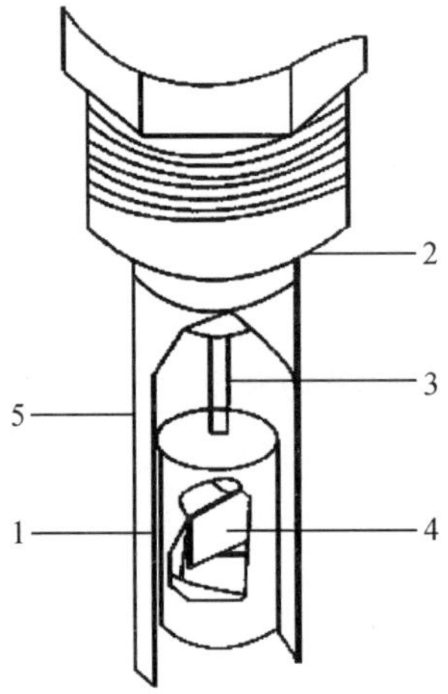

1—钟摆;2—底盘;3—扭力管;4—压电元件;5—保护管。

图 2 - 5　黏度传感器 EVT20 结构原理图

黏度传感器 EVT20 的电路板上有一个数码 LED 显示,用于显示传感器的状态。黏度传感器 EVT20 电路板对诊断指示有规定,故障和错误用闪烁数字或文字显示在数码 LED 的第 7 段上(即数码管的中间一横)。根据故障、错误或警告的类型,黏度或温度输出将为 0 mA、4 mA、20 mA 或输出保持正常(4 ~ 20 mA 与实际黏度对应)。如果没有故障、错误或警告,数码管用不闪烁的符号指示程序状态,如电源开用“ - . ”,正在初始化硬件用“0. ”等,具体可参考黏度传感器 EVT20 的说明书。

电源打开后,数码管底部的小数点一直打开;当黏度传感器 EVT20 显示“EEPROM”时,小数点关闭。如果发生一个故障,通常黏度传感器 EVT20 的电子设备将尝试重启单元直至确认故障;如果发生多个故障,则由于故障是按其重要性确定次序的,位于表格上部的故障有最高的优先级,这就意味着高级别的故障可以改写较低级别的故障,即该数码管只显示当前最重要的故障。表 2－1 是黏度传感器 EVT20 电路板自检故障符号表。

表 2－1　黏度传感器 EVT20 电路板自检故障符号表

数码管显示	故障原因	传感器电路板尝试性的反映
8	①5 V 电源故障，电源低于 4.65 V 以下； ②微机内 EPROM 或 PLA 缺省； ③微机注册测试失败； ④微机系统没有突入工作	监控系统复位
0	栈溢出	自动复位
1	外部输入/输出回路测试失败	自动复位
……		
9	软件故障	自动复位
……		
d	15 V 电源故障，电压下降低于 13 V	延迟后重试
……		

黏度传感器 EVT20 在正常使用中常出现传感器本身没有问题，而是系统环境或条件发生不良状态，导致测量出现极端情况。该情况传感器本身可能没有报警，但是送给控制器 EPC-50B 的信号出现失常。表 2－2 列明了黏度传感器 EVT20 一般故障原因及处理方法。

表 2－2　黏度传感器 EVT20 一般故障原因及处理方法

故障现象	故障原因	处理方法
黏度信号太低	空气夹杂在燃油系统中	系统排气
黏度信号保持在最大值	启动期间燃油温度太低	检查燃油管保温措施或燃油加热器
	由于没有足够的热量，系统正常操作期间燃油温度太低	增加黏度控制器的输出信号至换热器
无黏度信号	空气夹杂在燃油系统中	排出旁通阀系统
	EVT20 没有电源	①检查主电源； ②检查控制单元的保险丝或电源开关； ③检查电接头的完整性
	电源接头损坏	检查 4 ~ 20 mA 电线输出信号
	EVT20 故障	联系最近的代表商修理，更换传感器

三、燃油黏度控制系统

在 FCM 的自动控制系统中，采用黏度或温度定值控制是基于同一燃油温度的变化要比黏度的变化灵敏这一事实，特别是在温度传感器经改进后，检测温度很敏感的情况下，可大大提高系统的灵敏性，改善系统的动态特性，同时，两种定值控制可以互为备用，从而也可提高系统的可靠性。燃油黏度控制系统由黏度传感器、温度传感器、控制器 EPC-50B 和加热器构成。黏度传感器和温度传感器分别检测燃油加热器出口燃油的黏度和温度，并将黏度和温度值按比例转换成标准电流和电压信号送到控制器 EPC-50B，控制器 EPC-50B 内置具有比例积分(PI)控制规律的软件，可以对重油的黏度或温度进行定值控制，而对柴油只能进行温度定值控制。但在控制系统开始投入工作或换油切换过程，控制器 EPC-50B 则根据燃油温升斜坡速率实现温度程序控制。系统除可现场自动控制外，还可选择遥控；在需要时，还可在本地经转换选择后，实现本地手动调节。信息显示窗可以显示系统中燃油的黏度、温度值或其他需要的测量值，另外也可显示参数值和故障信息。燃油黏度或温度控制系统就是一个典型的单参数反馈控制系统。

从柴油控制模式(DO)转换到重油控制模式(HFO)并且工作状态稳定后，控制器 EPC-50B 对 HFO 进行温度或者黏度定值控制。当转换到 HFO 且系统处在温度控制方式时，即 Pr19 = Temp，Pr30 作为温度设置点，此时的 Pr30 应为所需黏度对应的温度值。在从低温开始的加温过程中，系统控制加热量，实现按设定的温升参数 Fa30 来控制程序进行加热。当温度程序控制加热设定 Pr30 减去 3 ℃的温度值后，系统开始温度定值控制。而当转换 HFO 且系统处在黏度控制方式时，即 Pr19 = Visc，Pr20 作为黏度设置点，而此时的 Pr30 应为所需黏度对应的温度值减去 2 ~ 4 ℃(一般设定为 3 ℃)，这样，在从低温开始的加温过程中，按温升参数加热到该 Pr30 后，系统自动转为黏度控制。所以 Pr20 与 Pr30 有对应关系，在换用不同的 HFO 时，一般要求黏度不改变，但要调整 Pr30 以适应黏度控制设定值 Pr20 的需要。

在燃油黏度定值控制过程中，系统根据黏度变化按控制器 EPC-50B 内 PI 调节参数进行自动控制。系统根据加热器的不同设置有两套 PI 调节参数，参数 Fa25、Fa26 为蒸汽或热油加热的比例带和积分时间，参数 Fa27、Fa28 为电加热的比例带和积分时间。如果调节过程出现振荡，则需要增加参数 Fa25 或 Fa27，Fa26 或 Fa28，但是这些参数的增加会使得系统反应变慢，消除静差能力减小。调试过程中应综合各种需要，整定到一个既稳定又反应较快的参数。一般出厂后调试工程师整定的参数应可靠保存，以备需要时恢复原始设定。如果调节过程中出现偏差过大的情况，包括黏度和温度的偏差，系统都将给出报警信号。

黏度或温度调节系统的输出主要是控制蒸汽加热装置的调节阀或电加热装置的接触器，以达到控制燃油温度或黏度的目的。采用蒸汽加热装置时比例积分调节器输出控制信号控制蒸汽调节阀，以保持系统设定的温度或黏度。而在电加热装置和蒸汽加热(或热油加热)装置同时被采用的系统中,系统以蒸汽加热(或热油加热)为主,电加热装置为备用,即刚投入使用期间用蒸汽加热装置,由增加或减少信号控制蒸汽调节阀;当来自控制器EPC-50B的信号指示系统需要更高加热量且蒸汽调节阀已全开时,控制器EPC-50B输出控制信号使电加热装置投入工作,以继续保持系统运行在设定的参数上。当加热功率需要减少时,首先减少电加热功率,直至减少到零后,如需再降低加热功率则自动关小蒸汽调节阀。

四、燃油供油单元的综合控制

系统除上述的黏度或温度定值控制外,还有DO/HFO的转换控制,燃油供油泵的运行/备用控制,燃油滤器的自动控制,回油的脱气自动控制,燃油循环泵的运行/备用控制及远程控制等功能,全部由控制器EPC-50B来协调综合控制。

1. DO/HFO的转换控制

燃油的DO/HFO的转换控制有两种不同的控制模式,即在控制器EPC-50B上设置控制模式按钮:柴油控制模式DO和重油控制模式HFO,相应的控制器EPC-50B有两套设置和报警参数,并有相应的LED指示灯显示。在进行操作时,可能出现以下过程:

(1)DO

当控制器EPC-50B接通柴油控制模式DO时,控制器EPC-50B自动选择为温度控制模式,燃油温度被监控。加热程序由柴油温升参数Fa31控制,温升斜坡允许燃油在设定的时间内被加热到设定的温度(如果Fa31 = 0,斜坡函数被禁止,控制单元直接调节使用正常的设置点和报警限制等)。斜坡函数加温期间温度控制指示LED灯“TT”闪烁,当燃油温度在达到温度设置Pr35的3 ℃内后,温升斜坡停止,正常温度控制运行,LED灯“TT”稳定发亮。在此过程中应注意以下几点:

①在加热控制斜坡期间,低黏度和低温报警是无效的。

②在加热控制斜坡开始阶段,设置了一个最长的启动加热斜坡持续时间,从而确保它不能运行太长时间,如果启动斜坡超过了该最长时间,则报警启动。

(2)从OFF转换到HFO或从DO转换到HFO

当需要从DO转换到HFO时,操作步骤如下:

①按操作面板上右侧DO/HFO选择按钮;

②一个问题出现在信息显示屏上:“Change oil mode? + = yes, - = no”;

③按“ + ”按钮开始转换;

④如果转换阀安装的是一个电动/气动转换阀,此阀将马上开始转换到HFO。

当控制器接通HFO或从DO转换为HFO,燃油温度和黏度被监控和显示。加热运行程序由重油温升参数Fa30控制,温升斜坡允许燃油被加热到设定的温度。在设定的时间内,斜坡函数期间 LED 灯“VT”闪烁,如果是从 DO 转换为 HFO,则 LED 灯“TT”稳定发亮,但如果从 OFF 开始就是 HFO,则 LED 灯“TT”不发光(如果 Fa30 =0,斜坡函数被禁止,控制器直接调节使用正常的设置点和报警限制等)。

一旦从 DO 转换为 HFO,则控制器 EPC-50B 可检测到燃油黏度增加,表明重油已经进入系统,那么重油将开始加热。在加热升温斜坡期间,如果控制器 EPC-50B 检测到燃油黏度降低,则加热暂停;当温度已经低于重油温度设置值 3 ℃,控制器 EPC-50B 自动转到黏度调节控制。此时 LED 灯“TT”关闭,LED 灯“VT”稳定发光,切换程序完成,黏度控制开始运行。在此切换过程中,应注意以下几点:

①在启动斜坡加热期间,低黏度和低温报警是无效的。

②在加热开始,即斜坡开始阶段,设置了一个最长的启动加热斜坡持续时间,从而确保它不能运行太长时间,如果启动斜坡超过了该最长时间,则报警启动。

③上述过程是从 DO 转换为 HFO,反之亦然。燃油在 50 ℃时黏度被显示在瞬时值列表中,这样就可以查看燃油表,可知在通常的参考温度 50 ℃时,系统中有多少柴油转换为重油。

(3)HFO

HFO 的类型由参数 Pr19 决定,选择的类型由传感器 LED 灯,即操作面板流程图上的“VT”或“TT”指示出来。如果黏度传感器 LED 灯“VT”发亮,控制器处在黏度控制类型。如果温度传感器 LED 灯“TT”发亮,控制器处在温度控制类型。

(4)从 HFO 转换为 DO

当从重油转换为柴油时,控制器将继续控制燃油黏度,同时降低重油/柴油混合温度来保持黏度值,此时 LED 灯“TT”闪烁,LED 灯“VT”稳定发光。当温度达到柴油的设置值时,控制模式自动转换为柴油控制模式(温度控制),然后 LED 灯“TT”变换为稳定发亮,LED 灯“VT”关闭。

(5)HFO 与 DO 间自动转换

如果加热器发生故障,控制模式有可能自动转换到柴油控制模式,这取决于低温限制值参数 Fa14。在加热器故障时,油温低于 Fa14 并延时 2 min 确认后,系统才能被设置为自动转换到柴油控制模式。推荐设置 Fa14 值低于低温报警限制,当设置的低温限制达到,转换倒数计时开始,靠近 DO/HFO 转换按钮的 LED 灯“DO”开始闪烁,一条信息在信息窗间断的出现,显示转换的时间。转换倒数计时器可以通过手动按 DO/HFO 按钮来中断。

在系统配置了电动/气动转换阀时,并且设置了参数 Fa17 为主机最大燃油消耗量(l/h),则在运行中,如果出现燃油消耗量持续小于参数值 Fa16(0 ~100%)2 min 后,系统会自动进入换到 DO 的控制程序。但由于换油过程仍保持燃油黏度控制,因此一旦出现需要加温状况,系统再次回到 HFO 的工况中,即保持加热到设定温度后,新一轮的黏度控制开始。

如果系统安装了电动切换阀，即切换阀的开度可以通过电动伺服机构来控制，则新的燃油可以被逐渐地引进系统中，通过调节参数设置转换阀从 DO 转换到 HFO 的时间或从 HFO 转换到 DO 的时间。

2. 燃油供油泵的运行/备用控制

在控制器 EPC-50B 的操作面板上有油泵工作模式选择开关，用于选择 Manual、Stop、EPC、Remote，当选择 EPC 时，即油泵由 EPC 控制器自动控制，控制器 EPC-50B 根据内部参数 Pr1 来选择燃油输送泵的控制方式，Pr1 = 1(2)表示 1 号运行，2 号备用；Pr1 = 2(1)表示 2 号运行，1 号备用；Pr1 = 1 表示 1 号运行，2 号停止；Pr1 = 2 表示 2 号运行，1 号停止。同理，Pr2 用于选择燃油循环泵的控制模式。备用机组启动取决于相应的压力开关和运行机组的状态，如 Pr11 为燃油输送泵的出口压力下限值，当压力低于该下限值时，并经过延时时间 Fa9 确认后，备用泵自动切换工作，或运行机组故障后，备用机组自动启动。运行或故障状态在面板上相应的 LED 指示灯显示出来，并在信息窗提供相应的报警。

当设备断电后重新送电，并经过参数 Fa11 延时后，控制器 EPC-50B 能够按时间间隔(约1 s)，并根据参数 Fa10 设置来依次启动各油泵、滤器、加热器和自动控制系统，启动运行的油泵是停电前的运行机组。如果控制器 EPC-50B 正常，而发生油泵等动力电源断电后的再次恢复，控制器 EPC-50B 认为原设备有故障存在，将控制备用机组自动运行。

3. 燃油滤器的自动控制

假如滤器脏堵，燃油供油泵启动将会困难，所以即使控制器 EPC-50B 处于停止状态，滤器也应保持在自动运行模式；但是在控制器 EPC-50B 停止时，放残阀不能自动工作。在供油泵停止后，可以手动定期运行滤器，手动定期放残。

控制系统根据燃油滤器的选择开关来控制滤器冲洗，选择位置有 MAN、STOP、AUTO 三挡，当选择为自动时，滤器间隔性自动进行反冲洗。而压差开关 PDS 只起到滤器脏堵报警的检测作用。自动放残还取决于系统设定的时间间隔 Fa21，放残时间由参数 Fa22 决定。如果选择手动，则自动无效，需要定期手动冲洗，并需要时刻注意滤器的压差。

4. 回油的脱气自动控制

混合管内将主机的回油和供油泵送来的油混合，油中混入的空气会因密度小而上升到上部，所以需要定时控制脱气阀，使空气返回日用柜(因还混有高温油)。如果上部浮子开关检测到液位低，表示混合管内空气过多，系统控制脱气阀打开，但如果 2 min 后仍然在脱气，则报警。

5. 远程控制

除本地基本控制级(基本级)外，系统还可选配扩展级、高级扩展级和全自动级。扩展级是基本级中的操作控制和有关指示功能远传到控制室，但是没有基本级上的流程图和信息显示窗。使用时需要本地选择开关转至“Remote”(远程)。实现的功能有状态指示、燃油自动转换、系统启停控制、油泵手动启停控制和报警指示,但是不能在远程站实现报警复位和油泵自动切换控制,也没有信息显示窗和操作按键。一旦出现故障或油泵停止,需要到控制器 EPC-50B 现场实现报警复位或油泵切换处理,所以扩展级与系统的连线是一般的控制电缆。高级扩展级等于是本地操作面板移到了远程,在本地面板上选择“Remote”即可将功能全部移交远程站,包括各油泵工作模式的选择控制和信息窗的显示与操作。显然,高级扩展级除需要控制电缆线连接外,还需要与串行通信(RS485 通信)电缆联系。当然,要实现油泵自动遥控,需要电机启动模式选择开关处于“Remote”控制。如果选用全自动级的远程操作,则通过现场总线(可在控制器 EPC-50B 主机板上选 Profibus DP、Modbus RTU 或工业以太网)将控制器 EPC-50B 的总线接口与远程计算机直接相连,再在计算机内配置相应的通信和应用软件即实现远程全功能操作。本地控制 EPC-50B 即成为整个分布式控制系统的一个通信节点,向上位机提供所需要的信息,并接受上位机的控制。此时远程设备与控制系统的连线就是一根通信线,不再需要控制电缆了。

【任务实施】

一、燃油供油单元的操作与管理

(1)在系统投入工作之前,要先检查燃油和加热系统有没有漏泄或损坏的情况,各阀件是否开关正确;把控制方式选择开关打到 OFF 位置,合上主电源,观察控制器 EPC-50 主板和黏度检测电路板指示是否正常;观察比较测量值与实际值有无异常情况;手动检测各电磁阀或电动切换阀是否正常、灵活。准备确认后,启动燃油供给泵,然后根据燃油系统具体配置情况将控制模式切换到 DO 或 HFO 位置,使用参数 Pr19 选择温度或黏度定值控制。这时可通过信息显示窗显示出燃油温度或黏度的实际测量值。系统正式投入调节控制工作。

(2)黏度传感器 EVT20 的工作情况,可通过设在传感器电路板上的数码管显示内容来检查。清洗黏度传感器 EVT20 时需要特别小心,防止人员受伤和损坏传感器。清洗前要切断通过黏度传感器 EVT20 传感器的供油,切断控制箱电源,尽可能排出和排空管系中的燃油。把黏度传感器 EVT20 传感器从罩壳上拆除后,再拿下黏度传感器 EVT20,旋出两套固定保护管的螺钉,以拆下保护管。最后用一块干净的软布清洁钟摆,应防止钟摆被机械力损坏或弯曲,不要用研磨材料,如砂纸、锉刀等来清洁钟摆头。

(3)在系统新安装后或工作条件改变时,要对系统运行的参数进行重新设定和修改,以适应新的需要。对于不同的燃油,需要调整一些参数设置,尤其是重油特性相差较大时,对应的参数设置也要相应改变,以期获得最佳调节效果。重油改变时,下面的一些参数是必须改变的:

①密度参数 Pr23。对不同密度的重油，调整密度参数，可获得更为精确的黏度测量。

②重油温度设置点参数 Pr30。新更换的燃油需要加热到不同的温度，从而得到相同的黏度。该温度值用于黏度智能调节过程的控制。

③HFO 低温限制值 Pr32。HFO 加热温度控制不能低于该限制值。

除此之外，还需要根据油品的不同，有针对性地设置有关加热速率、加热温度、比例带和积分时间等参数。

（4）系统故障处理。报警系统是为了确保一个安全的黏度控制系统而设计的。所有报警都显示在操作员面板屏幕上，大部分有发光二极管（LED）补充。报警按发生的次序显示。燃油控制系统中有两种类型的报警：

①报警显示在控制器 EPC-50B 上，由普通报警特征输出“A××”。例如，A40 表示黏度高。

②仅给出警告在控制器 EPC-50B 上，显示“W××”。例如，W75 表示转换控制模式（Pr19），传感器故障，见表 2－3。

表 2－3　燃油供油单元自动控制系统故障一览表

故障编码	故障说明	故障编码	故障说明
A40	黏度高	A100	输入/输出通信故障
A41	黏度低	A101	OP 操作员面板通信故障
A42	黏度传感器 VT 故障	A102	OPr 通信故障
A50	温度高（×××℃）	A110	输入/输出板故障
A51	温度低（×××℃）	A111	OP 板故障
A52	温度慢反应	A112	OPr 板故障
A53	温度传感器 TT 故障	A113	加热器板故障
A54	温度传感器 TT2 故障	A115	电脑通信板故障
A70	三通阀 CV（DO）故障	A117	远程转变 HFO/DO 故障
A71	三通阀 CV（HFO）故障	A118	参数××.××没有规定
A80	转换到 DO 模式温度低	W49	黏度传感器 VT 失效
A81	检测到无油转换	W58	温度传感器 TT 失效
A82	调节阀 SRV 没反应	W59	温度传感器 TT2 失效
A83	电加热器故障	W75	转换控制模式（Pr19），传感器故障
A84	模拟输入 1 故障	W79	三通阀 CV 失效
A87	电源故障	W116	IP 地址错误（×××.×××.×××.×××）

在发生了多个故障的情况下，需要读取历史报警列表，但 EPC-50B 中的 CPU 只存储了最后的 32 次报警。通过按“ENTER”键，即可进入与该故障有关信息的显示，通过按“＋”来翻看，每个故障的具体内容有：

报警号，如 1 号报警是最新发生的报警，2 号报警是上次发生的报警，等等；

报警时间，从报警发生后计时，小时，分钟；

报警编码，用“A××”或“W××”表示，具体含义参考说明书；

复位时间，故障发生到报警复位的时间，如果复位时间 =0，表示刚一发生故障就被复位了，也就是第一个复位的故障。

具体操作和分油机控制中的控制器 EPC-50 类似，指示故障采用编码形式表示，主要故障见表 2－3，具体故障编码和故障原因及需要的相应处理措施参考说明书。

(5)系统故障测试。在燃油控制系统中，几乎所有的报警都可以在 EPC 运行中测试。有些情况下，EPC 必须处于“AUTO”模式。而系统的管理也要求经常性地对有关传感器、线路、执行部件、控制系统等进行有针对性的测试。同样需要注意的是，在测试中，如果改变参数来触发一次报警，在正式操作前应该复位到原来的值。具体测试的测试动作、试验后的报警情况以及报警延时都可以在说明书中找到，如为测试“A42”——黏度传感器 VT 故障，可以断开接线端子 X5:5。但如果系统原来处于黏度控制中，则会引起系统的故障和动作反应。所以在做该试验前，最好将控制模式选择为温度控制模式，即设置 Pr19 = Temp，Pr30 值达到要求黏度时的温度，而报警延时为参数 Fa8，这样可以在试验黏度传感器时，不影响系统的温度自动控制。

【实训指导】

一、操作训练的设备和器材

操作训练的设备和器材包括燃油黏度控制系统实训装置一套。实训装置由燃油黏度自动控制系统模拟面板和控制系统实际设备组成。

1. 模拟面板结构组成

模拟面板位于控制柜的正面，包括：

①燃油黏度自动控制系统结构流程图，如图 2－6 所示；

②燃油黏度/温度控制器；

③黏度模拟电位器；

④温度模拟电位器。

2. 控制系统实际设备

控制系统实际设备包括：

①燃油黏度测量装置(黏度传感器)；

②燃油黏度调节阀(电动控制阀)；

③燃油切换阀(电动三通阀)；

④实训台架。

燃油黏度/温度控制器接受来自黏度测量装置、温度传感器的测量信号,控制器软件根据设定的工作状态和黏度、温度测量值输出控制信号,控制轻油/重油转换阀和黏度调节阀动作。

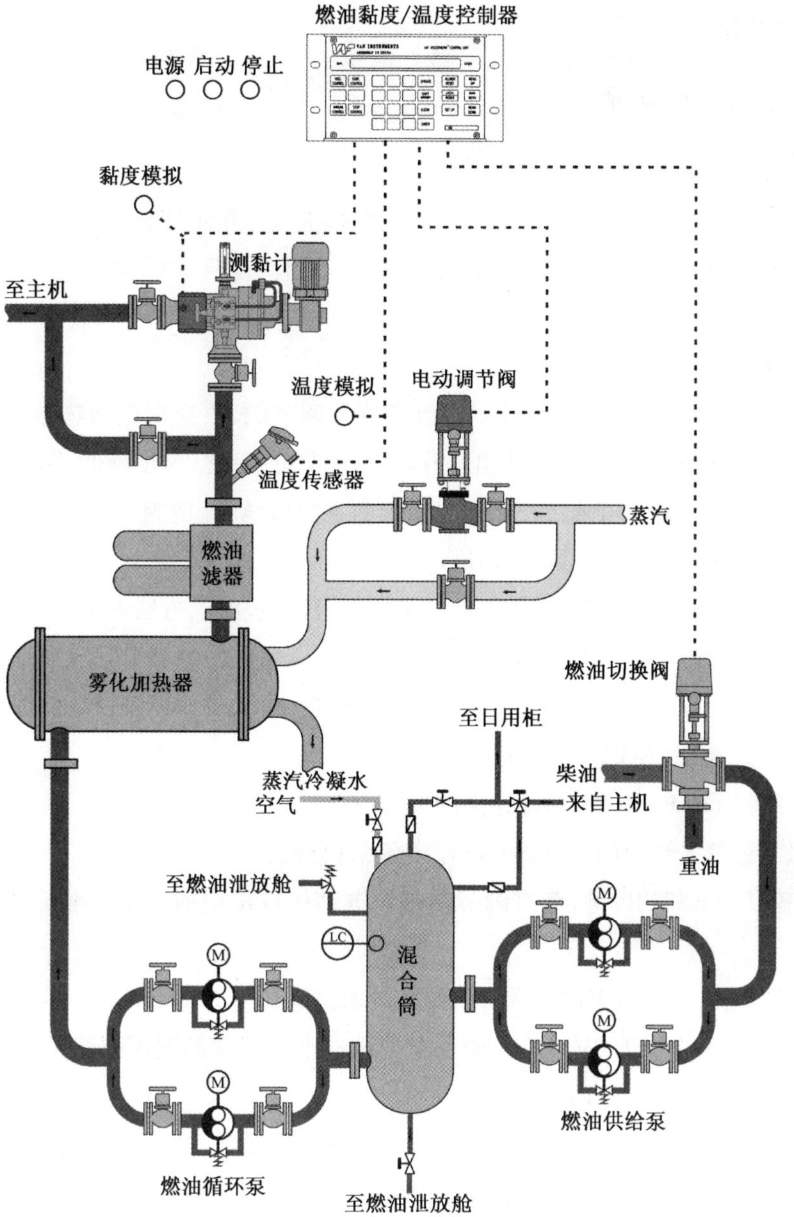

图 2－6　燃油黏度自动控制系统结构流程图

燃油黏度测量装置采用压差式测黏计和电动差压变送器,电动差压变送器将反映黏度大小的压差信号转换为 4～20 mA 的电流送给控制器,作为测量信号。实训系统中采用模拟面板上的黏度模拟电位器来模拟燃油黏度的大小，顺时针旋转旋钮，所模拟的黏度值增大；反之，黏度值减小。

实训系统中采用模拟面板上的温度模拟电位器来模拟 PT100 的阻值，并用这一信号接入控制器，用以模拟测量温度的变化。顺时针旋转电位器，阻值增大，所模拟的温度值也增大；反之，温度值减小。

二、操作内容和步骤

1. 准备工作

①合上控制柜内电源开关，系统电源接通，面板上电源指示灯点亮，控制器通电启动；

②待控制器启动完成后，按下控制柜面板上绿色启动按钮，阀门通电。

2. 操作步骤

(1)燃油黏度/温度手动控制

燃油黏度/温度手动控制是通过手动改变蒸汽调节阀、改变雾化加热器的加热强度来实现的。当蒸汽调节阀开大时，燃油温度升高，黏度降低；反之，温度降低，黏度升高。

黏度和温度的测量值可通过控制器显示屏的主窗口显示(按 MAIN MENU)，Act. Visc. 表示实际黏度，Act. Temp. 表示实际温度。

黏度/温度控制器提供了手动改变蒸汽调节阀开度的功能，方法如下：

①按“手动控制”(MANUAL CONTROL)键，在显示窗口左侧显示“MANUAL”状态；

②按“滚动菜单”(MENU UP 或 MENU DOWN)键，进入阀位设置窗口(SP. Valve)；

③按“修改”(CHANGE)键，使光标闪烁；

④按“清除”(CLEAR)键，清除原来的设定值；

⑤用数字键输入希望的蒸汽阀开度设定值(百分数)；

⑥按“确认”(ENTER)键，蒸汽调节阀将在电动执行机构的带动下准确地开启到设定位置；

⑦按“主菜单”(MAIN MENU)键，回到主显示窗口。

为了模拟温度的变化，应当适当调整温度模拟电位器和黏度模拟调压阀，使温度测量值和黏度测量值向合理的方向变化。

注意：在实船操作中，黏度和温度将会随着加热强度的改变而自动变化，通过手动控制蒸汽调节阀的开度，使黏度或温度达到满意为止。

(2)手动换油操作

控制器显示窗口的左侧位置有一状态指示显示燃油切换阀的当前状态，MDO 表示在柴油位置，HFO 表示在重油位置。

手动换油操作是指根据实际需要，在控制器面板上通过按键操作来改变切换阀的工作位置。操作方法如下：

①在 MANUAL 状态，按“滚动菜单”(MENU UP 或 MENU DOWN)键；

②按“修改”(CHANGE)键，使光标闪烁，光标首先出现在“Visc. Motor”下方；

③按“光标移动”(SHIFT)键，使光标移动到“Fuel Choice”下方；

④按“修改”(CHANGE)键，“Fuel Choice”下方的显示内容将由 0 转换为 1，或由 1 转换为 0；

⑤按“确认”(ENTER)键，燃油切换阀将按照设定要求动作，动作到位后，显示器左侧的状态指示发生相应变化，燃油切换成功；

⑥按“主菜单”(MAIN MENU)键，回到主显示窗口。

注意：建议将手动换油操作与手动黏度/温度控制操作结合进行，要求学员明确实船换油的操作程序。

(3)黏度/温度自动控制模式

控制器的自动模式分为黏度自动控制和温度自动控制两种模式。两种模式的详细工作过程分别如图 2－7 和图 2－8 所示。

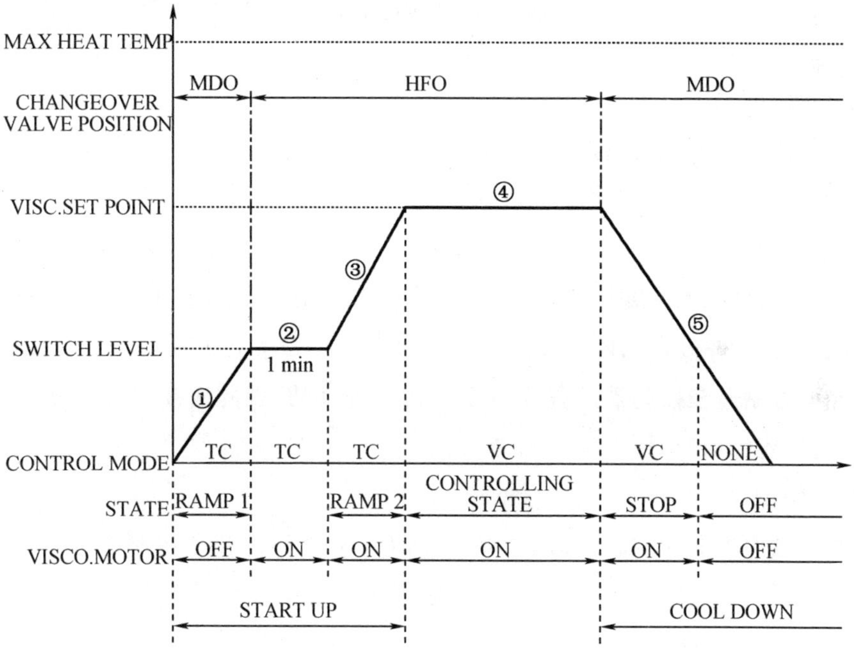

图 2－7　黏度控制特性

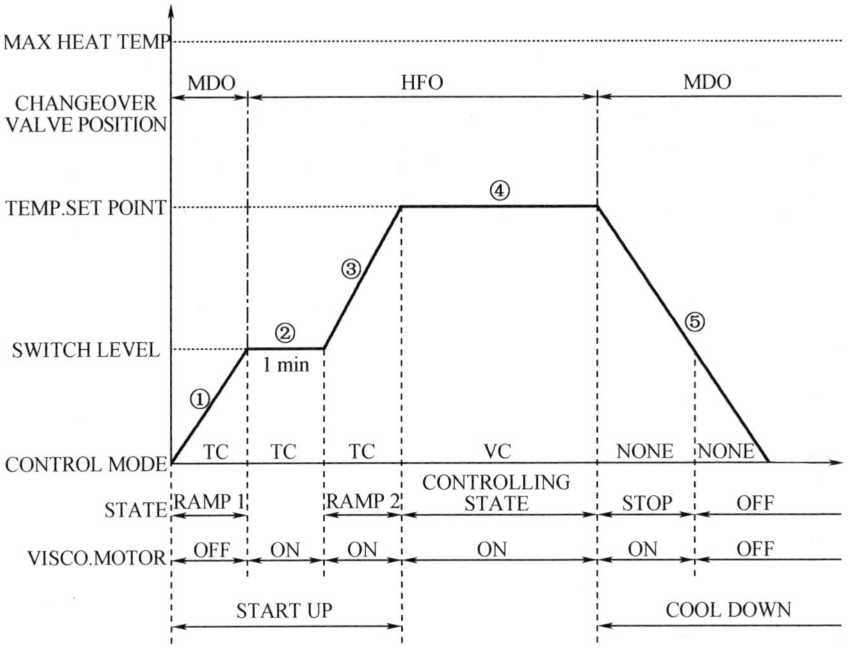

图 2－8　温度控制特性

①黏度控制模式

在黏度控制模式下，控制器将按照图 2－7 所示的工作过程进行自动升温、燃油切换和黏度定值控制等一系列自动操作。

为使实训能够顺利进行，应先使燃油切换阀处在 MDO 位置，并调整黏度模拟电位器和温度模拟电位器，使初始温度和黏度先处于与柴油相对应的合理值，以便模拟柴油加温、燃油切换、重油加温和黏度自动控制过程。

黏度自动控制是在控制器的程序控制下自动进行的，因此需要对控制器参数进行设置，参数设置内容包括控制参数和操作参数。

a. 启动(START UP)

按下控制器面板上的“黏度控制”(VISC. CONTROL)键，将使控制器进入黏度控制模式，显示窗口左侧将显示“VISC. CONTROL”状态。

进入“VISC. CONTROL”状态后，控制程序首先进行柴油自动升温，升温速度由参数 RAMP 1 决定，对应图 2－7 中的①段。注意观察蒸汽调节阀的动作，并手动模拟温度的合理变化。

注意：蒸汽调节阀的动作有可能会由于温度偏差情况以及调节器参数(比例带和积分时间)的设置问题导致全开或全关。要求学员能够结合控制器作用规律的理论知识理解这一现象。

当温度上升到切换温度(SWITCH LEVEL)时,一方面启动测黏计发动机(能听到控制器内部的继电器动作声音),另一方面控制器将进行从 MDO 到 HFO 的切换,注意观察燃油切换阀的动作。当显示窗口中的 MDO 指示变成 HFO 时切换完毕。1 min(对应图 2 -7 中的②段)后控制器将按照 RAMP 2 的速度对 HFO 进行加热(对应图 2 -7 中的③段)。

在实际系统中,由于 HFO 进入系统,燃油黏度会逐渐增加,当黏度值达到黏度设定值(SP. Visc.)时,自动进入黏度自动控制状态。控制器以比例积分作用规律对燃油黏度进行控制(对应图 2 -7 中的④段),当黏度测量值超过设定值时,将开大蒸汽调节阀,增大加热强度,使黏度降低;反之,将关小蒸汽调节阀,使黏度增加。而在实训操作中,应手动调整黏度模拟调压阀来模拟黏度的上述变化过程。

b. 停止(COOL DOWN)

按下"停止"(STOP CONTROL)键后,控制器将自动进行从 HFO 到 MDO 的切换,使燃油切换阀动作,当显示窗口中的 HFO 指示变成 MDO 时切换完毕。

由于柴油的黏度比重油低,因此切换成 MDO 后,应手动调整黏度模拟调压阀使黏度指示值减小,以模拟实船系统的实际情况。

切换完成的初期,控制器仍然保持在黏度控制模式,由于黏度实际值降低,控制器将指挥蒸汽调节阀关小,燃油温度会逐渐降低,如图 2 -7 中的⑤段所示。实训操作中,在模拟黏度降低的同时,还应调整温度模拟电位器,模拟测量温度的降低。

当温度下降到切换温度(SWITCH LEVEL)时,测黏计发动机关闭(能听到控制器内部的继电器动作声音),控制器进入 OFF 状态。

②温度控制模式

温度控制模式的控制过程与黏度控制模式在过程阶段上类似,不同的是程序升温过程结束时,不进入黏度控制状态,而是对重油进行温度定值控制,控制过程如图 2 -8 所示。在控制器显示窗口设定的温度设定值(SP. Temp.)为重油温度定值控制的设定温度。

a. 启动(START UP)

按下控制器面板上的"温度控制"(TEMP. CONTROL)键,将使控制器进入黏度控制模式,显示窗口左侧将显示"TEMP. CONTROL"状态。

进入"TEMP. CONTROL"状态后,控制程序首先进行柴油自动升温,升温速度由参数 RAMP 1 决定,对应图 2 -8 中的①段。注意观察蒸汽调节阀的动作,并手动模拟黏度和温度的合理变化。

注意:蒸汽调节阀的动作有可能会由于温度偏差情况以及调节器参数(比例带和积分时间)的设置问题导致全开或全关。要求学员能够结合控制器作用规律的理论知识理解这一现象。

当温度上升到切换温度(SWITCH LEVEL)时,一方面启动测黏计发动机,另一方面控制器将进行从 MDO 到 HFO 的切换,注意观察燃油切换阀的动作。当显示窗口中的 MDO 指示变成 HFO 时切换完毕。1 min(对应图 2-8 中的②段)后控制器将按照 RAMP 2 的速度对 HFO 进行加热(对应图 2-8 中的③段)。当实际温度值达到温度设定值(SP. Temp.)时,自动进入温度定值自动控制状态。控制器以比例积分作用规律对燃油温度进行控制(对应图 2-8 中的④段),当温度测量值超过设定值时,将关小蒸汽调节阀,减小加热强度,使温度降低;反之,将开大蒸汽调节阀,使温度升高。而在实训操作中,应手动调整温度模拟电位器来模拟温度的上述变化过程。

b. 停止(COOL DOWN)

按下"停止"(STOP CONTROL)键后,控制器将自动进行从 HFO 到 MDO 的切换,使燃油切换阀动作,当显示窗口中的 HFO 指示变成 MDO 时切换完毕。

切换到 MDO 后,电动调节阀动作,将蒸汽阀关闭,停止加热,通过柴油和重油的混合来使进入主机的燃油温度逐渐降低,如图 2-8 中的⑤段所示。在实训操作中,应调整温度模拟电位器,模拟测量温度的降低。

当温度下降到切换温度(SWITCH LEVEL)时,测黏计发动机关闭(能听到控制器内部的继电器动作声音),控制器进入 OFF 状态。

虽然在温度控制模式下也启动测黏计发动机,但控制器只对黏度测量值进行显示,不参与控制。在实船系统中,可根据黏度测量值的具体情况来改变温度设定值,直到黏度测量值进入要求的范围。

三、控制器界面操作说明

控制器界面如图 2-9 所示。

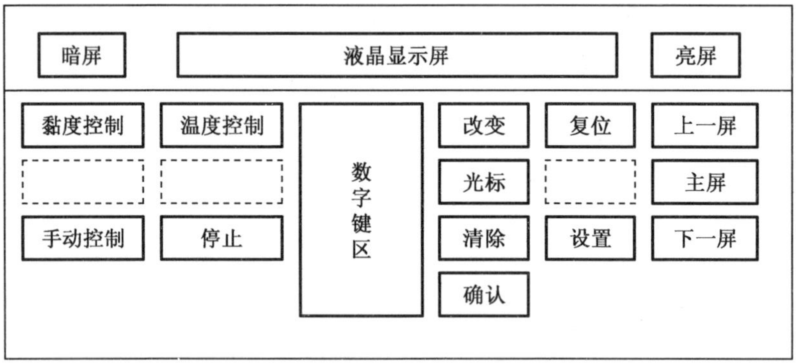

图 2-9　控制器界面

1. 翻看显示内容

按 上一屏 或 下一屏 ,任何显屏下按 主屏 ,总返回到显示"实际黏度(Act Visc.)"和

“实际温度(Act Temp.)”的主显屏。

2. 改变数据

(1)改变数字量

按[改变],此时屏幕光标在第一组数据位闪动,表示该组数据可以被改变,如要改变第二组数据位上的数据,可按[光标],此键可使光标来回指定两组数据位;按[清除],清掉老数据;按数字键,以输入新数据;按[确认],数据改变完成。

(2)改变开关量

按[改变],并连续按动该键,开关量会交替改变;再按[确认],开关量改变完成。

3. 手动控制

按[手动控制],可以改变蒸汽阀的开度(0% 全关,100% 全开)和黏度传感器电机的启停,控制蒸汽阀的开度。

4. 黏度控制

按[黏度控制],系统自动进入黏度控制状态或自动进行 DO 转 HFO 过程。

5. 温度控制

按[温度控制],系统自动进入温度控制状态。此功能是黏度传感器失效时的一种应急补充功能,平时一般不用。

6. 停止操作

结束黏度控制、手动控制、温度控制、HFO 转 DO 过程都按[停止]。

7. 控制状态间的转换

本机可以直接从黏度控制、温度控制、手动控制之间切换功能,而不需以“停止”功能作为过渡。

参数含义如下。

P. SETTING:比例带;

I. SETTING:积分时间;

VALVE HYST:电动阀的动作回差;

RAMP 1:转换重油之前的柴油升温速率;

SWITCH LEVEL:油转换时的温度;

Visc. incr:柴油转换重油以后,黏度的增加值,到了这个增加量,系统自动按“RAMP 2”斜率继续升温;

RAMP 2:柴油转换重油以后的升温速率;

RAMP 2 MAX:系统升温的最高温度值;

Act. Visc:实际黏度;

Act. Temp:实际温度;

SP. Visc.:设定黏度;

SP. Temp.:设定温度;

Valve Pos.:蒸汽阀的实际位置;

SP. Valve:蒸汽阀位设定(手动控制使);

SP. Visc. Gigh Al:黏度高报警设定;

SP. Visc. Low Al:黏度低报警设定;

SP. Temp. High Al:温度高报警设定;

SP. Temp. Low Al:温度低报警设定;

Visc. Motor:黏度传感器电动机启停控制。

任务三　燃油净油单元自动控制系统的操作、维护及常见故障的分析处理

【学习目标】

1. 了解燃油净油单元自动控制系统的组成及基本工作原理。
2. 掌握分油机控制系统的控制过程。
3. 掌握燃油净油单元自动控制系统操作、维护及常见故障的分析处理。

【知识准备】

以前的 FOPX 型分油机采用部分排渣法，其特点是待分油连续进分油机，在排渣期间也不断切断进油；每次排渣时，其排渣口短暂打开，排出量一般是分离片外边缘与壳体之间容积的 70% 。更新换代后的 S 型分油机常用作燃油净油单元，其特点是待分油在分油设定时间内可连续进油、分油，在此期间短暂打开排水并保持持续分油。由于出口中的净油主要通过水分传感器检测其含水量，不再使用密度环，在净化不同密度的燃油时，由水分传感器来判断油中水分是否过多，分油机中的油水分界面是否内移，从而判断是否需要一次排水控制。分油期间，如果净油口水分传感器测到的水分超标，则分油机控制一次排水，其排出时间可设定；如果一次排水 ，水分含量仍较高，则可连续再进行一次排水操作；最多可连续进行 5 次排水操作。在设定的分油时间到后，控制系统先用置换水将分离筒内的油全部挤出后，再通过排渣口的打开进行一次彻底的排渣操作，并准备下次分油；如果是结束操作，则分油机保持无油停机，在下次分油时，分油机将净筒启动运行。另外，正式分油前，控制器 EPC-50（以下简称 EPC-50）可以实现待分油温度定值控制，根据待分油机的设定温度进行加热控制，并在温度满足要求后才开始分油程序控制。控制系统中重要的部件是水分传感器，型号为 MT50，其电路板将水分信号转换为 4 ~ 20 mA 信号输送给以单片机为核心的 EPC-50。本节重点介绍 S 型分油机自动控制系统的基本工作原理。

一、分油机的组成及基本工作原理

S 型分油机的分离筒由一台电机通过平皮带动力传输部件和立轴驱动。电机驱动装置配有一个摩擦联轴器，以避免过载。分离筒为盘式，由水力驱动排渣。

S 型分油机的结构原理如图 3 - 1 所示。分油机进出油管结构由原来的双向心泵（下部

一个将净油排出,上部一个将分离出的水排出),改为下部有一个具有向心功能的固定不动的向心泵,它能把分离出来的净油从净油出口排出。上部使用向心管能把分离出来的水从出水口排出。向心管是活动的,在支撑臂及弹簧的作用下向外张开,保持与水腔内的水界面接触,需要时可把水腔内水向外泵出。实际上不管是向心泵还是向心管,都是把高速旋转的液体流动能转变成位能(压力能),这种改进使能耗降至最低。待分油从进油口连续进分油机,经旋转分离叠片组外边缘上的垂直缺口进入分离叠片组,油经分离叠片之间形成的通道上升,在上升的过程中继续被分离,水分和渣质被离心力甩向分离叠片的外侧,净油被推向分离叠片的内侧,当净油向内离开分离叠片后,流过分配器油孔进入油腔,通过向心泵扩压,油被泵出油腔,在净油出口所接的管路上装手动背压调节阀和一台 MT50 型水分传感器,它能精确地检测净油中的含水量。当分离出来的水很少时,说明油水分界面在分离叠片外侧较远处,这时装在排水出水口管路上的排水电磁阀关闭,封住出水口不向外排水,这是正常分油过程。随着分离过程的进行,油水分界面不断向里移动,水分传感器会感受到净油中含水量的增大。当油水分界面移动到接近分离叠片外边缘时,净油中的含水量会增加到一个触发值。这个触发值将被送到 EPC-50 型监控装置,由该装置决定是打开排水电磁阀向外排水,还是打开排渣口 X 进行一次排渣。如打开排水电磁阀排水,油水分界面会迅速外移,净油中含水量也会迅速减少,当减少到一定值时停止排水。

当待分油中含水量极少时,从上次排渣算起,又已达到最大排渣间隔时间,而油水分界面仍离分离盘外侧较远,此时尽管净油中基本不含水分,但控制装置也要进行一次排渣操作。为减少排渣时油的损失,首先停止向分油机供待分油,在排渣前从水管的 W 口供置换水,并关闭出油阀,油水分界面会向里移动。为了使更多的油在排渣前从分油机内被排出,以减少油的损失,当出油口压力传感器检测到的压力达到 0.05 MPa 时,打开出油阀,待分离筒内的待分油已全部被水置换,净油出口中检测到水分时,或当置换水供给到量时(置换水的体积是根据分油机首次启动时对水流量标定后自动设定的),关闭置换水,打开排渣口进行排渣,以防止排渣操作中将净油也排出。如果是停机排渣,则在此后控制分油机停机时,分离筒内基本是干净的,确保不会有燃油粘连内部器件,并在下次启动时,使得分油机净筒轻载启动。

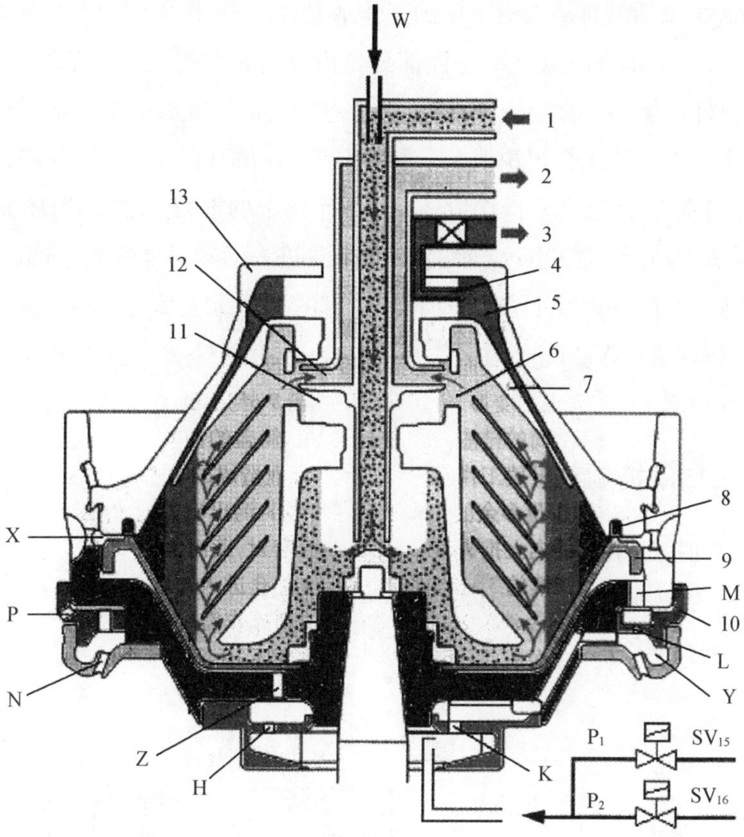

1—进油口;2—净油出口;3—出水口;4—向心管;5—水腔;6—分配器孔;7—顶盘;
8—密封环;9—活动排渣底盘;10—操作滑环;11—分离油腔;12—向心泵;13—分离筒盖。

图 3－1　S 型分油机的结构原理图

S 型分油机分离筒在结构上也有较大的改变,操作滑环取消了托顶弹簧,活动排渣底盘不再利用上下运动使分离筒封闭,而是靠活动排渣底盘下部的工作水形成的压力使活动排渣底盘下部平面部分向上变形,使活动排渣底盘外边缘向上移动与分离筒盖上的密封环紧密接合,从而使分离筒的排渣口 X 密封。分离筒盖的锁紧由以前的锁紧螺母改为锁紧环。在正常分油期间,为了补偿工作水由于蒸发和漏泄造成的缺失,由管 P_2 断续供水,使其工作水面维持在 Z 孔附近(少量多余的工作水会经喷嘴 P 泄出),这时管 P_1 断水,使滑动底盘下部仍充满工作水,保持足够的向上推力,以确保分离筒密封,此时的工作水称为补偿水。当需要排渣时,管 P_1 大量进水,持续约 3 s,水面向里移,经 K 孔进入开启室 Y,在 Y 室充满水后(由于进水量较大而喷嘴 P 来不及泄放),水压分别作用到操作滑环上下两个不同的面积上,由于上边的面积大于下边的面积,因此水压会对操作滑环产生一个向下的作用力,致使操作滑环向下移动,打开泄水孔 M,活动排渣底盘下面的工作水通过泄水孔 M 经喷嘴 P 和泄水孔 N 泄出。由于活动排渣底盘下面的工作水泄放出去，作用到活动排渣底盘下面工作水的动压头消失，活动排渣底盘下部平面部分是由具有记忆功能的特殊材料制成的，因此这时恢复常态使外边缘向下移动，打开排渣口 X 进行排渣。此时的工作水（管 P_1）称为开启水。这样操作滑环上面的水会很快泄完，而作用到操作滑环的下面，孔 N 径向以外的水泄不掉，仍留在开启室 Y，而且会对操作滑环产生一个向上的推力，使操作滑环上移，从而封闭泄水孔 M，然后管 P_2 连续进工作水，水经 H 和 Z 孔进入活动排渣底盘下部，工作水形成的压力使活动排渣底盘的外边缘上移，活动排渣底盘的外边缘上部与分离筒盖上的密封环再次紧密结合，封住排渣口 X。此时的工作水（管 P_2）称为密封水。管 P_2 连续进水一段时间后恢复断续进补偿水。

二、分油机自动控制系统

1. 分油机自动控制系统的组成

分油机自动控制系统的组成原理如图 3－2 所示。它由 EPC-50 控制箱、电机启动箱、工作水阀组、气动控制阀组、分油机和油路等组成。

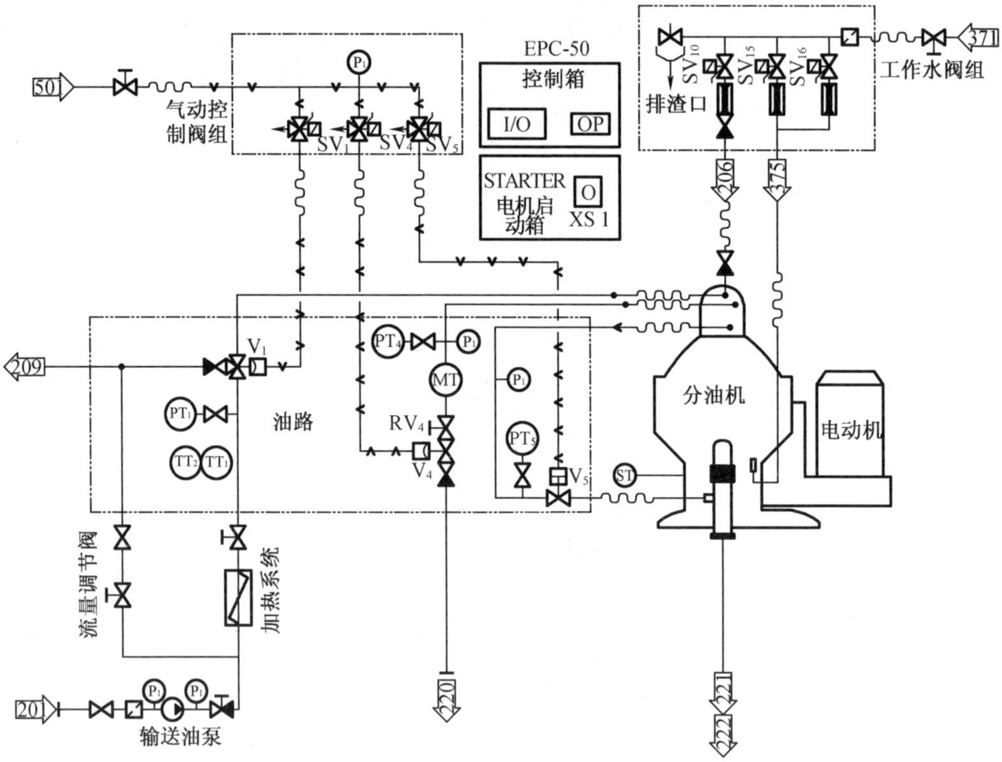

图 3－2 分油机自动控制系统的组成原理图

分油机自动控制系统分为燃油回路、工作水回路、气动回路、分油机、电机启动箱和EPC-50，如果系统自带电加热器，还会配有电加热控制器。燃油回路中有加热系统（heating system）、温度传感器（TT_1、TT_2）、压力传感器（PT_1）和待分油控制阀 V_1，分油机的出口还配有净油出口阀 V_4 和排水出口阀 V_5。工作水回路包括置换水（有的称冲洗水）电磁阀 SV_{10}，开启水电磁阀 SV_{15}，补偿水或密封水电磁阀 SV_{16}。S 型分油机的开启水电磁阀 SV_{15} 和补偿水或密封水电磁阀 SV_{16} 输出同一根水管，由于控制水量的不同，实现的作用也不同；在 P 型分油机中开启水电磁阀 SV_{15} 和补偿水或密封水电磁阀 SV_{16} 是两根水管作用在分油机不同的进水部位，实现开启和关闭的作用。气动回路包括进油电磁阀 SV_1、净油电磁阀 SV_4 和排水电磁阀 SV_5。分油机和待分油循环输送泵可由控制箱上的启停按钮控制运转和停止。分油机全速运行后，EPC-50 开始控制分油过程，包括控制待分油控制阀 V_1、净油出口阀 V_4、排水出口阀 V_5 和各工作水电磁阀等，实现密封、分油、排渣和保护停止等控制。根据自动控制的分析方法，将 EPC-50 构成的控制系统分为如下几个部分。

（1）主要的输入信号装置

在该控制系统中，输入信号和输出信号是比较多的。这些信号能准确地监视分油机的工作状态，同时也能控制分油机的各种操作。

①水分传感器

在净油出口管路上装有 MT50 型水分传感器（以下简称 MT50），它能随时检测净油中的含水量。EPC-50 根据净油中含水量来判断是否超设定值，另外还可判断 MT50 是否故障，如信号小于 4 mA 表示传感器断线，而如果水分过低，可以判定净油出口油中有空气；如果水分过高，可以判断分油机内部油和水的状态，经延时后，由 EPC-50 决定是打开排渣口还是开启排水电磁阀。因此，水分传感器是监控系统中很重要的部件，它由圆筒形电容器和由振荡器电路及信号调理电路组成的电路板两部分所组成。电容器实际上是两个彼此绝缘的同心圆筒，净油全部流过内圆筒，在内外圆筒的电极间电容量与油中的水分成比例。EPC-50 为水分变送器提供直流电源，它使水分变送器内部的振荡器工作，产生频率为 1 MHz的振荡信号源。当振荡器产生固定频率及幅值的交流电信号后，流过电容器中的电流大小就完全取决于电容器的介电常数。纯矿物油的介电常数只有 2 ~ 4，而水的介电常数高达 80，因此净油中含水量的增加导致介电常数的增大，会使其流过电容器的电流也增大。MT50 的电路板通过交流电桥检测电容变化，并将信号处理后转换为 4 ~ 20 mA 的电流信号送给 EPC-50。该水分变送器检测精度是比较高的，一般精度可达 ±0.05%，同时，EPC-50 可判断该电路板和传感器的好坏，如果故障，则需要更换。在 EPC-50 中可以通过调整参数来取消该传感器功能，取消 MT50 功能后分油机将按特定程序运行，并且每隔 24 h 系统将会发出警报提醒。

②待分油压力传感器(PT_1)

待分油压力传感器(PT_1)装在燃油加热器出口,待分油控制阀 V_1 前端,用于检测循环输送泵的出口压力是否建立,是否可以进行后续的分油操作控制以及判断加热器是否有油,是否可以进行加热控制。传感器采用扩散硅,内置信号调理电路,二线制输出给 EPC-50 的信号是 4 ~20 mA,所以 EPC-50 可以判断该传感器是否有断线故障,并且 EPC-50 可以根据信号的大小判断是否断流(过低压力)或管路堵塞(压力过高)。

③待分油温度传感器(TT_1 和 TT_2)

TT_1 和 TT_2 采用温度传感器 PT100,属于热电阻式温度传感器。这种传感器是利用金属材料电阻值随温度升高而增大,且在检测范围内它们之间保持良好线性关系的特性制造的。利用测量电桥把测温元件(金属丝)电阻值变化转化成电压信号,该电压信号与所检测的温度成比例。测量电阻 R_t 是测量电桥的一个桥臂,它安装在所要检测的管路中,离测量电桥较远。为补偿环境温度变化所产生的测量误差,在实际测量电路中往往把“二线制”改为“三线制”。

温度传感器 PT100 结构原理如图 3 –3 所示,它在结构上与以往使用的温度传感器有所不同。检测元件直接插入被检查介质中,不用壳体防护,以避免热电阻与壳体之间的空气影响传热速度。为了避免更换或检修传感器时介质外逸,采用了特殊的弹簧囊结构。若要拆下传感器,应先松开锁紧螺帽,随后可旋出传感器。与此同时,止回帽在弹簧和燃油压力作用下,将导向管下端口盖住,从而可防止管路燃油的逸出。这种改进后的温度传感器的热惯性很小,能及时感受温度的变化。

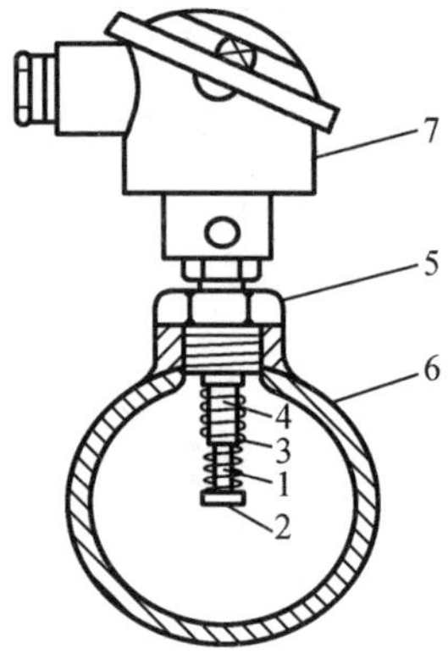

1—检测元件;2—止回帽;3—弹簧;4—导向管;5—锁紧螺帽;6—管路;7—传感器。

图 3 –3 温度传感器 PT100 结构原理图

在正常运行期间,它检测燃油温度实际值,当油温超过设定上、下限值时,控制器发出油温超限报警。另外,控制器能检测温度传感器的状态,可以判断传感器是否有短路或断线故障。两个信号各有用途：一是送至 EPC-50，由其中的燃油加热油温控制系统，作为温度偏差 PI 调节器的反馈信号，实现对燃油温度进行比例积分控制，把油温控制在给定值上；二是送至 EPC-50 作为逻辑控制使用，除由数字显示窗显示待分油温度外，当发生油温超限报警时，还可实现报警和保护控制。

④净油出口压力传感器（PT_4）

PT_4 检测原理同 PT_1，也可检测传感器本身是否故障。其装于分油机净油出口处，检测出口压力。当出现超限时，需要调整相关分油等状态，甚至需要检测分油机内部。不同时间段出现的超限还需要注意油路或水路的状态。

⑤排水压力传感器（PT_5）

PT_5 检测原理同 PT_1，也可检测传感器本身是否故障。其装于分油机排水出口处，检测出口压力。当出现超限时，可以判断分离盘是否正确到位，并用于控制和监视排水阀 V_5 的动作。

⑥分油机速度传感器（ST）

其采用磁脉冲式检测分油机的旋转速度，二线制送到 EPC-50，通过电流检测，EPC-50 可以判断出该传感器是否处于故障或断线状态。如果传感器故障，一时又没有备件，可以通过修改 EPC-50 内部参数取消该传感器功能，但是，这时的分油机全自动模式也进不去了。该传感器在 P 系列分油机中可以不用。

速度传感器用来检测分油机的转速，速度传感器、振动传感器和分油机盖的连锁开关的安装位置如图 3-4 所示。

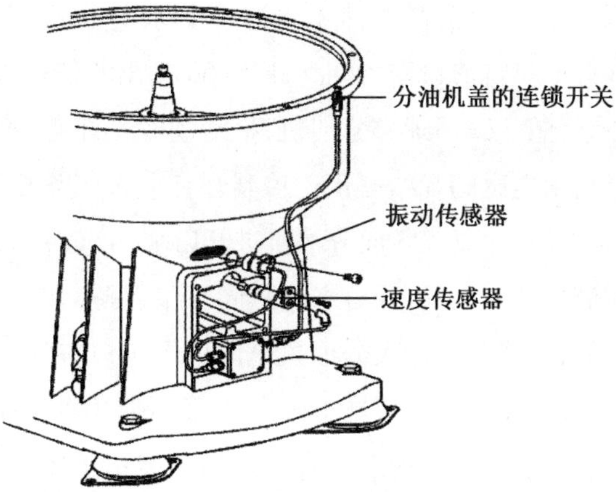

图 3-4　速度传感器、振动传感器和分油机盖的连锁开关的安装位置

如转速发生下列情况之一，分油机应按一定的模式自动停止，同时发出相应的警报：

a. 转速超过设定的分油机最高转速；

b. 转速低于设定的分油机最低转速；

c. 转速控制系统经常检查速度传感器检测到的脉冲情况，一旦检测异常；

d. 分油机启动时，在设定的时间内转速达不到设定的转速范围。

⑦分油机振动传感器（VT）

这是一个可选项，该三线制传感器将信号送给 EPC-50。一旦发现振动过大，控制器给出一个故障停止信号，控制分油机停止。另外，由 EPC-50 可以判断传感器的好坏，如果传感器故障，一时又没有备件，可以通过修改 EPC-50 内部参数取消该传感器功能，但是，这时不能实现分油机的全自动模式。

安装在分离筒的立轴旁径向位置的振动传感器（可选择）如图 3 – 4 所示。振动传感器用来检测分油机立轴的原始位置和运行状态，从而可监测分油机任何异常的不平衡状况。振动报警级别设置了两个报警级别，如振动超过第一级别应发出警报，振动超过第二级别，分油机按安全停止模式自动停止，因为大量振动会缩短轴承的预期寿命，因此振动应予以消除后方可启动。

⑧分油机盖的连锁开关

分油机盖的连锁开关（可选择）用来检测分油机盖安装是否正确（图 3 – 4），在机盖被关闭的后给控制系统送出信号，控制系统关闭此连锁回路，这样才允许启动分油机。

（2）输出信号装置

在控制系统中，EPC-50 输出的信号有：控制对分油机操作的各种电磁阀；显示分油机控制系统状态的指示灯及由显示器所组成的信息显示窗。

①工作水阀组

所有的电磁阀均采用 24 V 交流供电，补偿水或密封水电磁阀 SV_{16}是用于控制进分油机的补偿水和密封水的。在分油机排渣口密封期间，EPC-50 输出的信号将使补偿水或密封水电磁阀 SV_{16}断续通电，工作水经管 375 断续进分油机，把滑动底盘托起，并使滑动圈下面的工作水维持在泄水孔附近。开启水电磁阀 SV_{15}是用于控制开启水的。当需要排渣时，EPC-50 将使开启水电磁阀 SV_{15}通电打开 3 s，由管 375 向分油机进开启水，滑动底盘的外边缘向下移动，打开排渣口进行排渣。在排渣口密封期间，开启水电磁阀 SV_{15}保持断电。置换水电磁阀 SV_{10}是用于控制进分油机置换水的，与待分油进入分油机是同一个进口，在需要排渣前，常通入冲洗水挤出分离筒内已分离的净油，确保排渣或排水操作时，不会将净油也排出。上述三个水阀组成一个整体阀组，当电磁阀通电时，电磁阀上带有旋转指示表示阀体动作，便于观察。其中进水口一个，置换水电磁阀 SV_{10}的出水口一个，补偿水或密封水电磁阀 SV_{16}和开启水电磁阀 SV_{15}的出口合在一起。

②气动控制阀组。

SV_1 是进油电磁阀，当控制该阀动作时，通过该阀控制空气经节流控制后，送到待分油

控制阀 V_1，控制待分油控制阀 V_1 缓慢打开供油。SV_4 是净油电磁阀，当控制该阀动作时，通过该阀控制空气控制净油出口阀 V_4 关闭，在该阀断电或者没有控制空气时，净油出口阀 V_4 是保持打开状态的。SV_5 是排水电磁阀，通电后控制空气经过该阀驱动排水出口阀 V_5。随着分油机正常分油的进行，分油机内油水分界面将不断内移。当需要向外排水时，EPC-50 将使排水电磁阀 SV_5 通电打开，向外排一次水。上述三个电磁阀组成一个阀组整体，控制空气为阀组的进口，三个出口分别接到对应的阀上。

③温度控制输出

EPC-50 对待分油的温度也有控制信号输出，可以根据蒸汽加热、电加热或热油加热方式来输出相应的控制信号，如果是蒸汽加热或热油加热方式，EPC-50 通过伺服机构控制加热介质阀门的开度来调节加热量；如果是配套的电加热，则须加装与电加热配套的电源单元（power unit），由 EPC-50 输出相应的控制信号到电源单元实现温度控制。

当待分油温度在正常范围内，且没有发出使分油机停止工作的故障信号时，EPC-50 一直输出一个信号使进油电磁阀 SV_1 通电，控制空气进入待分油控制阀 V_1 的动作气缸，使其接通在待分油进分油机状态，切断在分油机外面打循环的回路。当分油机发生故障或停止工作时，进油电磁阀 SV_1 断电，待分油控制阀动作气缸的控制空气从进油电磁阀 SV_1 放掉，将切断待分油进分油机的通路，使待分油流回沉淀柜。

④报警及继电器控制输出

除温度控制采用继电器控制伺服电机改变阀门开度外，EPC-50 还提供多种用途的继电器触点输出，包括循环泵电机和分油机电机的停止控制、系统配置需要的触点输出、远程状态显示和报警用的触点输出等。

（3）EPC-50 的组成

在 S 型分油机中，组成其控制系统的重要设备是 EPC-50。EPC-50 主要分为三部分：一是电源，由滤波装置和多输出变压器实现；二是主控制板，安装在控制箱内；三是操作面板（OP），主控制板与显示操作板通过异步串行通信实现数据交换。主控电路板接收装在分油机待分油管路上和净油出口管路上的各种传感器信号，经分析和处理后，由输出端输出控制各种阀件或电器对分油机进行操作，同时分油机的运行状态也可通过主控电路板通信接口与操作面板联系，由操作面板上的一系列发光二极管及信息显示窗进行指示，实现良好的人机交互。

①操作面板

如图 3－5 所示，EPC-50 的操作面板继承了其传统的布置特点，其右面有 4 个按钮和对应的状态指示灯。最上面的是加热器按钮，按此按钮将接通加热器电源，对待分油进行加热，待分油在分油机外面打循环。第二个按钮是程序启动/停止按钮，按一次该按钮，EPC-50 运行预定的程序，程序运行 LED（绿色）灯亮，它首先监视待分油的温度，当加热器把待分油加热到正常温度值时,开始对分油机进行分油、排水、排渣等操作的正常程序的运行;再按一下停止分油程序,停止程序工作,其指示灯(黄色)点亮。第三个按钮是手动排渣按钮,按一次该按钮对分油机执行一次排渣程序。第四个也是最下面的按钮是报警复位按钮,当分油机和控制系统出现故障时,对应的总报警指示(红色)灯点亮,EPC-50 将输出停止分油机工作或停止程序运行的信号。待故障排除后,须按此复位按钮才能撤销故障的信号,并使程序恢复到启动前的状态。其中第四个 LED 灯是操作面板激活指示灯,灯亮表示当前显示控制器有效工作。

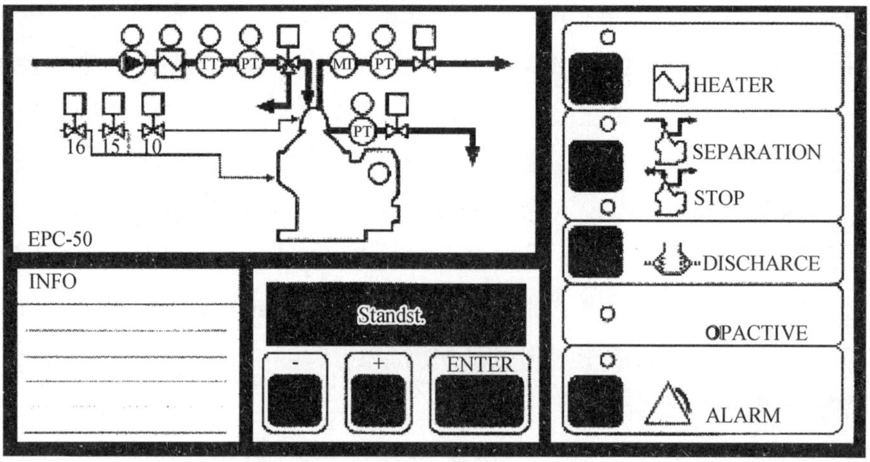

图 3-5　EPC-50 操作面板布置图

正面左上部是分油机基本状态及分油流程模拟图,当前基本状态可以完整显示。具体参数可以通过左侧下方的一条信息显示窗(图示显示“Standst.”)来显示,并可通过“+”“-”来查看需要显示的参数值;在发生故障时,显示控制器立即启动切换到显示当前最新故障内容;另外还可以通过“ENTER”翻看主要参数,配合“+”“-”可以实现参数的修改操作。

操作面板采用单片机 P80C32 实现显示控制,具有按键输入处理和与主板信息交换等功能。其结构上分为两个电路板,一个为单片机主板,包括中央处理器(CPU)、内存、字库存储器、通信接口和显示驱动模块等,另一个为专用信息显示控制器,显示需要的 LED 和字符。

②EPC-50 控制板

EPC-50 控制板位于控制箱内,由主板和扩展继电器输出板组成,主板分为电源、CPU 模块、开关量输入、模拟量输入、开关量输出、通信模块及扩展输出用总线接口。其中 CPU 模块采用金属外壳封装,内部使用 5 V 单一电源,内含 CPU、随机存取存储器(RAM)、可擦除编程只读存储器（EPROM）、晶振及总线接口等器件，可实现一个小型化微机系统，配以外围接口电路，构成 EPC-50 的控制核心。开关量输入采用光耦输入，外围电源采用单独隔离的直流电源；主板上配有多路外围开关量输入，继电器输出；模拟量输入配有多路差分输入信号源，其中有两路温度传感器 PT100 配以相应的信号处理电路作为其模拟量输入的一部分；主板还配有高速开关量输入电路，并通过 CPU 内的高速计数来测量分油机的转速；为实现与外围设备的通信，主板上配有内置双路的专用异步通信模块，其中一路通过 MAX232 转换为 RS232 进行通信，交换信息。如果主板内参数选择为现场总线，则可选择另一个异步通信通道为 PROFIBUS 或 MODIBUS，并需要另外配有相应 PROFIBUS 扩展板或 MODIBUS 扩展板，通信扩展板内含相关通信软件，从而可实现现场总线通信。另外，可以根据需要定制工业以太网、Device Net 或 CAN 总线接口。

③电源

EPC-50 的工作电源来自分油机启动箱。启动箱通过变压器给出 220 V 交流主电源作为 EPC-50 的工作主电源。电源开关、滤波器、变压器在控制箱内控制板的旁边。要使分油机投入工作，首先要按启动箱上的循环输送泵启动按钮，等压力建立后，再按下分油机电机启动按钮，EPC-50 内部变压器输出 24 V、10 V、8 V、12 V ×2 和 18 V 交流电，经整流稳压输出需要的直流电源，作为主控电路板和传感器信号处理电路板、信号调理器或变送器的工作电源。接通 EPC-50 内部电源开关就接通了主控制板和操作面板的电源。

④EPC-50 控制箱和电机启动箱

作为控制分油系统的 EPC-50 控制箱，除 EPC-50 操作面板外，还配有循环输送泵与分油机的启动和停止按钮，应急停止按钮，分油机运行模式选择开关及相关指示灯，其中分油机运行模式选择开关分为自动、手动和 CIP 方式，其中自动是由远程操作面板操作分油机系统运行，手动是指在本控制箱上实现系统运行控制，CIP 是清洗分油机时使用的模式。

电机启动箱门上装有一个主电源开关、一个分油机发动机电流表，启动箱内布置的是分油机及供油泵的启动电路。

2. 分油机控制系统的控制过程

（1）待分油的温度控制

为了保证分油机的分离效果，必须对待分油进行加热。加热器可选用电加热器，也可选用蒸汽加热器或热油加热。在 EPC-50 主板上有一个加热器板选件，用来控制待分油的温度，TT_2 作为温度控制的反馈信号，TT_1 作为温度报警和保护的信号。作为反馈控制的传感器配合 EPC-50 实现温度的自动控制，其中 EPC-50 通过加热器板输出“＋”或“－”两个继电器触点，去控制伺服电机调节阀门开度，从而控制加热量；同时可通过电位器检测开度位置，即 PT100、EPC-50 和温度调节阀构成了一个温度自动控制系统；其 PI 调节参数在 EPC-50 中，可以根据实际情况予以调整。当选用电加热器时，由 EPC-50 将温度设定信号送给电加热器电源单元控制加热,电加热器电源单元单独配有检测加热待分油温度的温度传感器PT100,用于电加热器过热保护,即由PT100、EPC-50、电源单元和电加热器构成温度控制系统。而EPC-50配有的TT_1和TT_2起到检测温度的作用,确保加热温度在正常的工作范围内。当待分油温度在正常范围内,且没有发生使分油机停止工作的故障信号时,EPC-50根据时序控制要求,使进油电磁阀SV_1通电,控制气压源(压力为0.5~0.7 MPa)通过进油电磁阀SV_1和一个节流阀后控制待分油控制阀V_1缓慢打开,使待分油不冲击进油。当分油机发生故障或停止工作时,进油电磁阀SV_1断电,待分油控制阀V_1将切断进油通路,使待分油在分油机外面通过循环泵循环并保持加热。

(2)分油机的时序控制

刚开始投入工作时,应先按加热器按钮,开始对待分油进行加热,同时确认温度自动控制系统投入工作。当确认温度上升后,按一次程序启动/停止按钮,EPC-50从初始化程序开始执行,首先监视待分油温度。当油温达到正常温度值时,EPC-50将对分油机进行密封排渣口、设备自检、分油、间断排水、排渣等操作。EPC-50增加了对设备状态的自检功能,可以根据被控制阀件的动作及相应参数变化的检测,智能地判断设备的故障或对操作时序自动做适当的调校,以适应工况的变化。操作程序流程如图3-6和图3-7所示。

程序运行开始时,EPC-50控制器首先确认是否有过拆解保养或更换器件工作,如果通过面板操作确认进行修理后,EPC-50会在按下“分油”后进入“校准启动”程序,在确认输送泵运转、分油机电机运转、温度控制、开机一次排渣操作和分油机空筒后,首先自动进行一次置换水的水量计算,程序是密封操作Ti58、置换水的水流量校准Ti59、排渣口打开控制Ti56、工作水排水时间Ti57。Ti59的最大值为170 s,如果在此时间内没有压力响应,则说明有泄漏或无水进入,无法建立压力,系统发出警报。而如果通过建立压力的时间,可计算出置换水进水的流量。依据该水流量计算,EPC-50还要计算出Ti63的设置时间(应小于120 s),以便向分离筒中加注正确的调节水量,以便排渣后,在进行分油前,使分离筒内注满水。当选择了分离设备的规格时,与分离筒相关的数据被激活。Ti63的预设值仅用于启动,在计算后,会自动为Ti63设置正确的值。该段时间主要为校准置换水量,可称“校准”。水流量校准之后,“校准启动”和“不校准启动”就一样了。系统先进行一次“排渣”操作,用于防止在断电后,排渣时间间隔中断,引起两次排放之间的时间大于排放间隔设定时间Pr1,并在活动圈下建立水弹簧,使分离筒内滑动圈向上运动,关闭滑动底盘下腔排水口;接着是工作水排水时间Ti61,设置时间的长短应确保滑动底盘、工作室和定量室工作水泄放完。

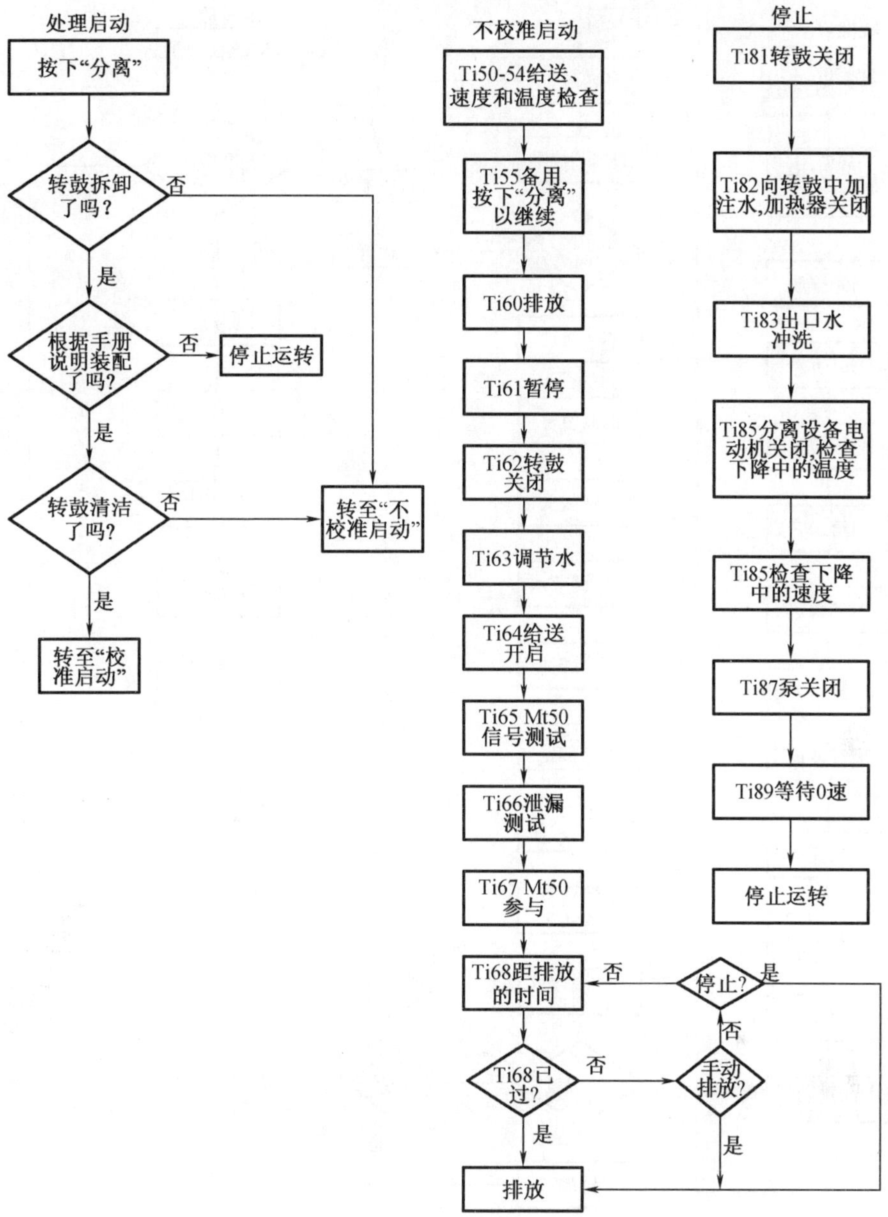

图3－6　处理程序、不校准启动控制程序和停止控制程序流程

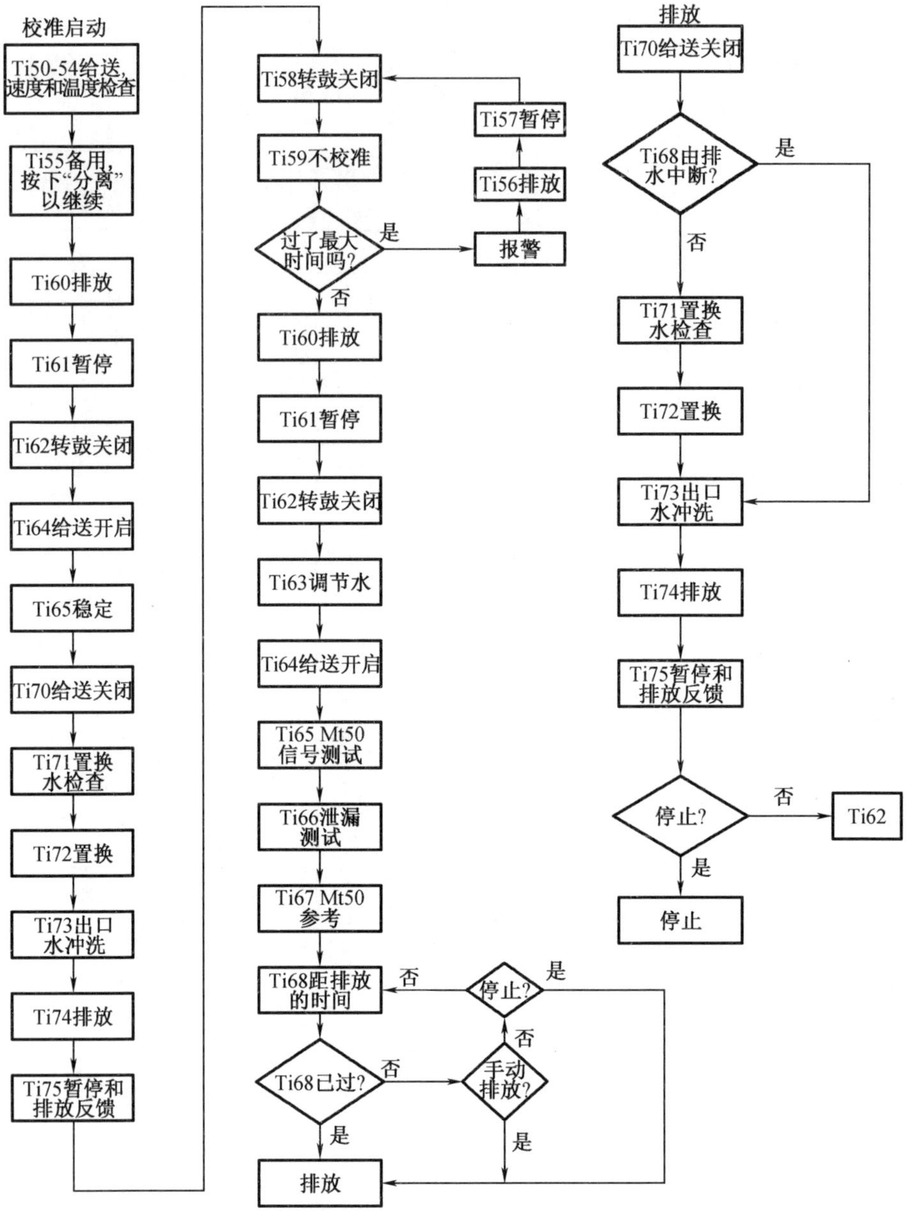

图 3-7　校准启动控制程序和排渣控制程序流程

接着开始准备分油。分油设定时间到,排渣后的程序也是回到此处,程序先控制滑动底盘进工作水,进行"密封"操作 Ti62;之后控制置换水电磁阀 SV_{10} 加水实施分离筒"注水"操作 Ti63。

分离筒注水后,进油电磁阀 SV_1 控制待分油控制阀 V_1 开一小段时间 Ti64 和 Ti65,净油电磁阀 SV_4 配合控制净油出口阀 V_4 在 Ti64(约 60 s)关闭,Ti65 打开。Ti64 有进油,但净油

出口阀 V_4 关闭,分油机将分离筒内侧和出油管内原来的注水全部挤到分离筒外侧,所以此时应保证出口压力 PT_4 达到设定值,水分传感器检测的水分小于设定值,说明已置换。Ti65 打开净油出口,同时检测水分仍小于设定值,说明置换完全成功。Ti64 时间后,如果由 MT50 检测到水分偏大,说明前次置换水过多,则需要减小一次置换水量的计算值,供下次置换水使用。如果出油口中没有压力 PT_4 的响应,则在 Ti64 内将发出警报;如果 Ti65 时间内水分很大,同样引起故障,系统自动进入排放程序。所以该段程序可以称为“置换”程序。

为保证系统可靠运行,在分油之前,还要进行一次分离筒是否泄漏的检查程序 Ti66,在该时间内待分油控制阀 V_1 关闭、净油出口阀 V_4 关闭,PT_4 压力应能稳住,波动值不应过大,如压力低于 0.1 MPa,系统将会发出警报,说明有泄漏存在。确认没有泄漏后,重新开始供油并打开进油口,进行分油,但是出口流量突变,MT50 的检测值需要一点时间(Ti67)稳定,即在该段时间,保持分油,不考虑水分对分油进程的影响,可称该段时间为“检漏”程序。

之后才是正式的分油过程 Ti68。Ti68 的时间与 Pr1 相同。如果对其中一个进行更改,则另一个会随之自动更改。在 Ti68 期间,为保证滑动底盘向上压住密封条,补偿水或密封水电磁阀 SV_{16}会间断打开,每 5 s 打开 1 s。同时 MT50 监视清洁过的油中的水分含量,如果监测值大于 100 pF,则排水出口阀 V_5 短时间打开一次,然后 MT50 会在几秒内再检查水分含量。当监测值低于 70 pF 时排水将停止。最多可连续打开 5 次排水出口阀 V_5 进行排水。在打开超过 5 次后,监测值仍未低于 70 pF,系统程序将跳转至 Ti74 进行“排渣”控制,如排渣后监测值仍未低于 70 pF,系统将再次打开排水出口阀 V_5 排水,5 次排水后监测值仍未低于 70 pF,系统将停止程序并报警。所以在该过程中,补偿水或密封水电磁阀 SV_{16}断续提供补偿水,排水电磁阀 SV_5控制排水出口阀 V_5 间断排水。这一阶段由于正常分油是主过程,所以称为“分油”。

分油时间 Ti68 到后,手动按下“排渣”按钮,程序先进入“关油”程序 Ti70(关闭待分油控制阀 V_1),此后由于没有进油,所以出口压力会下降;出口水分可能会增加,如果出现水分检测高于 100 pF,则需要进行一次排水操作,最多可进行 5 次排水操作,确保分离筒内的净油尽量排完。确认净油出口管内还是净油后,开始“进置换水”程序 Ti71:关闭待分油控制阀,关闭净油出口阀 V_4,开置换水电磁阀 SV_{10},出口压力 PT_4 应增加至少 0.05 MPa,如果没有压力反馈,则发出警报;如增加到了 0.05 MPa,则停止 Ti71 计时,说明置换水电磁阀 SV_{10} 正常。接着是“冲洗”程序 Ti72:关闭待分油控制阀,打开净油出口阀 V_4,开置换水电磁阀 SV_{10}冲洗水,将分离筒内和出口的进油全部排出,冲洗时间受前述水流量校准限制,即不能进太多的水,防止水冲到净油中去;之后,仅有排水出口阀 V_5 打开进行管路的“冲洗”操作 Ti73。整个过程可称为“冲洗”程序。

完成“冲洗”后,再打开开启水电磁阀 SV_{15}进行一次“排渣”操作 Ti74;排渣后进行工作水的排水操作 Ti75。“排渣”程序中,分离筒的转速应该会下降,但如果“排渣”后分离筒速度下降小于参数 Fa 设定转速，则发出排渣反馈故障警报。正常“排渣”后，EPC-50 根据有关置换水的参数是否认为修改过，来确定程序是进入水流量校准 Ti59 进行参数校正，还是准备再次分油。再次分油直接进入分离筒“密封”操作 Ti62 至 Ti75 后，系统完成一个工作循环。

如果发生故障或手动停止操作，则从“关油”程序 Ti70 开始到“排渣”操作 Ti75 后，程序再次自动进入“密封”程序 Ti81；“冲洗”程序 Ti82、Ti83，Ti82 后停止加热温度控制；Ti83 后停止分油机程序至结束。

【任务实施】

一、EPC-50 的面板操作与参数调整

EPC-50 的操作需要面板指示灯“OP ACTIVE”点亮后才能进行，该灯表明操作面板与主控制器已建立好通信联系。在循环泵和分油机的电机启动后，分油操作就可在本地控制面板上来操作或可通过远程通信来操作。在操作和参数修改过程中，用到最多的是“＋”“－”和“ENTER”三个键。其中“ENTER”键用于显示参数序号与内容切换、确认、进入或者退出参数表，接收或储存参数值等。“＋”“－”用于翻看参数序号或修改参数，状态显示时，可以翻看到一直需要观察的参数。

正常运行过程中，显示当前工况和当前工况进行到的时间，当报警发生时，报警信息显示在显示窗口的左侧，系统准备排渣，而到下次排渣前的时间将显示在显示窗口的右侧。正常情况下，可通过“＋”键来切换显示内容，如显示“Ti98 ℃”。系统中所有模拟量传感器的测量值都可以显示。系统设有三种参数类型：安装参数（In××）、工艺参数（Pr××）和工厂设置参数（Fa××），分油时序用时间参数（分离开始、排渣、停止）列在“工厂设置参数”下，称为“Ti××”。不同类型参数可以通过同时按“ENTER”和“＋”来切换。安装参数必须在初次启动之前且先于工艺参数进行设置。这些参数极少需要重新调整。如果要存储新的参数值，则需要浏览整个列表，并在列表结尾处确认。工艺参数可以按所需（即使在运行过程中）轻松调整，以满足运行条件的变化（如两次排渣之间的时间、油温以及报警点）。工厂设置参数可以根据实际运行过程中状态的变化来进行调整，尤其是有关分油时序的时间参数。其中“启动”对应的计时器为 50～59；“分油”对应的计时器为 60～69；“排放”对应的计时器为 70～79；“停止”对应的计时器为 80～89。参数的修改可通过按“ENTER”进入。具体面板的操作和参数的修改可参考设备说明书。

水分传感器值会受温度变化影响，可以根据待分油的不同使用不同的参数对其进行补偿。具体操作步骤如下：

①记下传感器值。注意，要进行此测试，传感器值必须稳定，并确认油中无水、无气。

②在正常稳定运行情况下，将温度降低 10 ℃。

③在稳定的新温度下，读出温度和传感器值。

例如，当温度下降了 10 ℃时，传感器测量值变化了（如从 82.6 到 83.6），则由于传感器值增大了，实际值未变，必须通过将 Fa34（对应 HFO）设置为负数来进行补偿。具体值为 Fa34 = -(1.0 × 10)/10 = -1.0。

由于控制系统的程序大多依赖水分传感器，所以该传感器非常重要。如果该传感器故障，但又要进行分油操作，可以应急设置参数 Pr4 从“0n”调整为“Stb”，即进入分油备用控制工况，此后水分传感器功能禁用。但程序每 15 min 进行一次“排渣”，而 Pr1 分油时间设定无效，并且排渣过程不加冲洗水和置换水，即只实现简单的分油和排渣操作。

二、EPC-50 中的报警控制与功能测试

EPC-50 在运行中如果发生故障报警，相应的总报警发光二极管和有关状态指示灯闪亮，同时在显示及操作控制板中的信息窗中将会显示出完整的故障名称。故障复位需要消除故障后按“ALARM”键才能复位。如果有多个故障，则当前显示为最新故障，为读取存储的警报列表，可以按“ENTER”键后用“+”“-”键翻看，中间可用“ENTER”键查看故障号，发生故障处于当前多长时间之前，故障名称和对应的参数设置值，以及故障发生后的复位时间。

最后可再按“ENTER”键回到正常显示。显示窗口中显示的内容及对应的含义如下：

“ALARM no 5”：(5 号警报)警号编号；

“0:13”：此警报在 13 min 前发出；

“Feed pressure - LOW”：(进油压力低)警报类型；

“Pr1 60”：参数 Pr1 设为 60 min；

“00:02”：13:2 min 13 s 后复位了该警报。

有些故障可以通过人为干预或通过设置 EPC-50 中对应的参数进行测试。如传感器断线故障、电源故障、油温过高、分离盘速度过低等。需要注意的是，任何为了试验而修改的参数，当测试结束，开始正式工作前，需要恢复该参数的原始数据。表 3-1 列出了几个报警测试示例，具体其他方面的测试可参考说明书中的“功能测试”。表 3-1 中出现的 Pr16、Fa10 等为 EPC-50 的设置参数，即可以通过修改其内部参数，使之偏离正常值，在实际参数正常情况下模拟发生故障报警。

表 3-1　报警测试

警报消息	注释	故障LED	实验前状态	试验方法	端子	试验结果
POWER FAILURE	电源故障		启动	运行期间关闭，开启电源		
Feed pressure PT_1-HIGH	待分油压力 PT_1 高	PT_1	启动	减少限制（Pr14）		
Feed pressure PT_1-LOW	待分油压力 PT_1 低	PT_1	启动	增加限制（Pr15）		V_1 关
Feed pressure sensor PT_1-ERROR	待分油压力传感器 PT_1 错误	PT_1	启动	断开传感器的连接	X5:4	
Oil feed-TEMPER-ATURE HIGH	供油油温较高	TT	启动	减少限制（Pr16/Pr19）		V_1 关 加热关
Oil feed-TEMPER-ATURE LOW	供油油温较低	TT	启动	增加限制（Pr17/Pr20）或降低 Ti53		V_1 关
Temperature alarm sensor-ERROR	温度报警传感器错误	TT	启动	断开传感器的连接	X5:4	V_1 关 加热关
Bowl speed-HIGH	分离盘速度快		分离	减少限制（Fa10）		停止序列
Bowl speed-LOW	分离盘速度慢		分离	增加限制（Fa11）		停止序列
Bowl speed sensor-ERROR	分离盘速度传感器错误		停止	在断开传感器的情况下启动分离设备	X6:1	

三、分油机手动启动与停止

①检查分油机的电源是否正常，油底壳的油位是否正常，进出油管路的阀是否处于正常的位置。

②若以上都正常，启动分油机燃油供给泵，将蒸汽加热阀打开。从操作面板上开启加热器。

③待温度达到要求以后，要启动分油机，先按“SEPARATION/STOP”（分离）按钮激活EPC-50，显示窗口中将滚动出现几个问题，必须回答问题后再启动分油机，待分油机的转速达到全速及油温超过低温报警设定值以后，EPC-50 控制系统将自动进入分油启动程序，直到分油机正常分油。

④观察分油机供油以后工作是否正常，有无异常的振动或者噪声。通过 EPC-50 上的显示数据来判断分油机的状态，如果一切正常，说明分油机开始正常的工作。

⑤如果中间发生故障或需要停止分油时，可通过按下“SEPARATION/STOP”按钮，实现停止控制。此时，分离设备停止序列对应的黄色 LED 灯将开始闪烁。启动排渣，排渣完成之后，停止序列对应的 LED 灯将变为稳定的黄色，而分离系统运行对应的绿色 LED 灯将熄灭，显示“STOP”(停止)。如果加热器由 EPC-50 控制，它将自动关闭。当供油温度开始下降时，进油泵将自动停止。当分离设备完全停止运转时，将显示“STANDST”(停止运转)。

四、控制系统在使用中的注意事项

开启分油机前需检查分油机运转方向是否正确。检查有无异常的振动，在开启之初当分油机通过临界转速时会有振动，这都属于正常现象，在使用中要逐渐了解振动的表现和规律。如果分油机在正常的工作中有异常的振动，那么就要立即停止分油机工作，并查找分油机振动的原因，在未找到原因之前不能开启分油机。若是开启，由于分油机内部的高速旋转，会造成分油机部件的损坏，严重时甚至会伤人。在分油机刚启动时，启动电流会比分油机正常工作时的电流大很多，但是随着分油机转速升高，分油机的电流会逐渐降低，并维持在一个稳定的数值上。如果分油机的工作电流维持在较高的数值上不变，说明分油机跑油，这种情况必要时要停止分油机工作并进行检查。分油机正常工作以后要检查供油流量是否正常，调节出口压力为 0.2 MPa。注意，在没有完全停止之前不能进行拆卸工作，因为其内部高速旋转时会有伤人的危险。

在对分油机控制系统的日常使用和巡班检查时，要经常检查电源是否正常，应急操作是否有效；定期检查各种传感器，检查相关的工作水、控制空气及电磁阀；定期检查分离筒的状况。如果油渣空间中的硬油渣量不十分明显，则排渣间隔可以适当延长。但排渣间隔太长会使油渣不均匀地积聚在分离筒内，引起分油机振动。运行中注意水分传感器的变化规律，注意电机启动时转速变化情况，包括振动情况。特别是要注意跑油检测信号是否完好，排渣通道是否淤塞等。对控制板和显示板要定期检查，防止受潮或有关电线脱落等。

五、故障处理

当分油机系统出现故障时，首先考虑的是故障对整个供油系统的影响。如果到了不能克服的状态，则需要考虑应急措施。故障可以分为传感器故障、参数越限、状态设备故障等几类，具体可通过说明书中的“Alarm and Fault Finding”查找原因和解决措施。

如果分油机因故障报警，那么在分油机的控制单元上，相应的警报指示灯就会发出红光，并不停地闪烁，机舱内同时伴有警报声。处理操作首先是要确认警报，按下警报确认按钮。然后根据分油机的警报去查找原因，故障排除以后，再按一下警报确认按钮。若是故障已经解除，则分油机就可以接着正常工作。分油机的警报有很多种，而每一种警报的原因有很多，因此解决分油机报警的时候一定要细心观察，除说明书确认的原因外，有时还需要根据分油机故障时的外在表现来判断故障的原因。例如排渣失败的可能原因是没有工作水或工作水很少,也可能是开启水电磁阀 SV_{15} 的问题,所以首先需要检查工作水系统,如果可以确定工作水系统没有问题,那么问题就可能是分油机内部的机械故障。因为就一般情况来说,分油机的故障无非是控制系统和机械故障两个部分。其中机械故障一般都是由于分油机长期的工作,没有得到及时的保养,内部脏而导致的。分油机最常见的跑油故障原因及处理方法如下:

①补偿水供应系统中的滤网被堵塞,处理措施是清洁该滤网。

②补偿水系统中没有水,检查补偿水系统并确保供应阀均处于开启状态。

③供应阀与分离设备之间的软管安装不正确。

④水分传感器测量误差偏大,造成控制系统频繁进行排渣动作。

⑤滑动圈中的堵头有缺陷,造成密封不严,应更换堵头。

⑥开启水管中的开启水电磁阀 SV_{15} 出现泄漏情况或相应的控制回路故障,造成排渣口打开,应及时校正该泄漏情况或检查该阀的控制线路。

【实训指导】

一、操作训练的设备和器材

①仿真控制柜 1 台,采用先进印刷技术制作分油机图形界面,包括控制空气、燃油、加热等。通过安装在图形界面相应位置的按钮可对分油机控制系统进行相关操作。

②嵌入式主板及输入/输出(I/O)模块 1 套,该实训台的各种操作模拟功能通过运行安装于嵌入式系统的模拟软件得以实现,I/O 模块完成与外部操作和显示点的交互。

③EPC-50 面板仿真单元,模拟分油机控制单元界面及主要功能,可在上面完成分油机相关操作。

④通信板卡 1 套,采用以太网技术实现各设备之间的数据采集和交互。

二、操作内容和步骤

1. 准备工作

①合上控制柜内电源开关,系统电源接通;

②系统上电,等待控制器启动完成后,即可进行相关实训。

2. 操作步骤

(1)手动启动分油机

进行手动操作前,需将分油机操作模式选择开关旋至“Manual”位置。

①开启压缩空气系统至电磁阀组 SV_1、SV_4、SV_5 的截止阀;

②开启日用淡水系统至电磁阀组 SV_{10}、SV_{15}、SV_{16}的截止阀；

③开启供油泵前截止阀；

④按下供油泵启动绿色按钮，绿色指示灯点亮，观察控制器上油泵指示灯、油泵压力和流量；

⑤按下控制器上“SEPARATION”按钮，激活 EPC-50，绿色指示灯点亮；

⑥按下控制器上“HEATER”按钮，启动加热器加热燃油；

⑦按下分油机启动按钮，注意观察分油机发动机电流表读数变化；

⑧按下控制器上“SEPARATION”按钮，注意观察控制器窗口显示内容，此时窗口应交替显示发动机转速数值和“START”字样；

⑨通过按“＋”键在显示屏上调出“TT_1”来检查供油温度，待油温加热到 98 ℃；

⑩当分油机发动机转速达到稳定值 10 000 r/min 时，油温和油压正常，此时控制器窗口将显示“STANDBY”字样，再次按下“SEPARATION”按钮，分油机进入分油时序，启动时序结束，调整背压至正常运转值。

(2)运转状态指示

①加热器运转指示(绿)灯亮；

②分油系统指示(绿)灯亮；

③工作阀相应指示(绿)灯亮。

(3)停止系统

①在分油机面板上按“SEPARATION”键停止分油机工作；

②表示分油机停止程序启动的黄色指示灯会闪；

③进行排渣；

④停止程序灯变成稳定的黄色，当排渣结束时，表示分油机工作的绿色灯熄灭；

⑤显示“STOP”；

⑥加热器的电源自动断开；

⑦当供油温度开始下降的时候，供油泵电源自动关闭；

⑧分油机发动机电源自动断开；

⑨当分油机完全静止时，显示“STANDST”。

(4)自动模式启动分油机

在自动模式操作分油机，将分油机操作模式选择开关旋至“AUTO”位置。

①开启压缩空气系统至电磁阀组 SV_1、SV_4、SV_5 的截止阀；

②开启日用淡水系统至电磁阀组 SV_{10}、SV_{15}、SV_{16}的截止阀；

③开启供油泵前截止阀；

④在分油机面板上按“SEPARATION”键启动自动操作程序，供油泵自动启动；

⑤加热器自动启动；

⑥分油机发动机自动启动；

⑦当油温、油压及发动机转速达到设定值时，系统自动进入分离模式，显示“SEPARATION”。

(5)手动排渣

分油机操作模式选择开关旋至“Manual”位置，系统正常运转时，按下“DISCHARGE”按钮，系统进入排渣时序。

①SV_1 动作，进油电磁阀自动关闭；

②SV_{15}动作，进入水封水；

③SV_{10}短时通电，进入开启水，排渣口打开排渣；

④SV_{16}动作，进入关闭水，排渣口关闭；

⑤SV_{15}动作，进入水封水；

⑥SV_1 动作，进油电磁阀打开，进入正常“分油”时序。

(6)窗口操作

控制器的显示窗口可循环显示参数信息、报警信息以及系统运行状态等信息，可通过“ENTER”按钮选择所要显示的信息类型。

①参数显示

按“ENTER”按钮，使窗口显示参数信息，通过按动“+”或“-”按钮可查看更多的参数；如所显示的某一参数的灯呈闪烁状态，表示此参数可通过按动“+”或“-”按钮进行值的改动，改动后按一下“ENTER”按钮，参数显示停止闪动；再次按动“+”或“-”按钮可继续查看其他信息，如再次按下“ENTER”按钮，窗口将显示其他类型的信息。

②报警信息处理

a. 系统有报警产生时，蜂鸣器会发出声光提示，同时控制器的红色报警指示灯闪烁；此时第一次按下控制器上“ALARM”按钮确认，蜂鸣器声光提示会停止，红色报警指示灯常亮。

b. 报警确认后，需查找报警原因，可通过按动“ENTER”按钮，在显示窗口查看报警信息，通过按动“+”或“-”按钮可查看更多的报警信息(如果不止一项报警)。

c. 查看报警信息后，如故障消除，再次按下“ALARM”按钮，红色报警指示灯熄灭；如故障未消除，再次按下“ALARM”按钮，蜂鸣器将恢复声光提示，红色报警指示灯闪亮。

任务四　自清洗滤器自动控制系统的认识

【学习目标】

1. 了解自清洗滤器自动控制系统。
2. 重点掌握自清洗滤器自动控制电路。

【知识准备】

目前,在自动化船舶上广泛采用自清洗滤器。自清洗滤器有空气反冲式和油反冲式两种类型。下面仅以空气反冲式自清洗滤器为例,说明自清洗滤器及其控制电路的组成和工作原理。

一、空气反冲式自清洗滤器的组成及工作原理

空气反冲式自清洗滤器的结构原理如图 4 - 1 所示。该自清洗滤器由 4 个滤筒、一个旋转本体以及启动电机等部分组成,滤筒中装有滤网等滤清元件。在清洗时,由电机驱动旋转本体依次对准每个滤筒。在同一时间只有一个滤筒处于清洗状态,其他 3 个滤筒进行正常的过滤工作。被清洗的滤筒由旋转本体切断进油通路。此时电磁阀 S_1 通电,控制活塞上部空间通大气,下部空间通气源 P_0 经减压阀送来的压缩空气,抬起控制活塞,打开控制阀和排污阀。压缩空气进入冲洗滤筒,并从滤筒内向滤筒外冲洗,这与油的流动路线(从滤筒外向滤筒内)正好相反,被冲洗下来的污物经打开的排污阀从排污口排出。大约冲洗 1 min,电磁阀 S_1 断电,下部空间通气源 P_0 经减压阀送至控制活塞的上部空间。由于活塞上面的受压面积大于下面的受压面积,使活塞向下的作用力大于向上的作用力,故把控制活塞压下,关闭控制阀和排污阀,停止对该滤筒的清洗,然后启动电机带动旋转本体转动,并对准下一个滤筒进行清洗。当滤器进、出口压差高于某值(如 0.09 MPa)时,开始对滤筒的清洗;当滤器进、出口压差低于某值(如 0.03 MPa)时,电磁阀 S_1 不再通电,停止对滤筒的清洗。

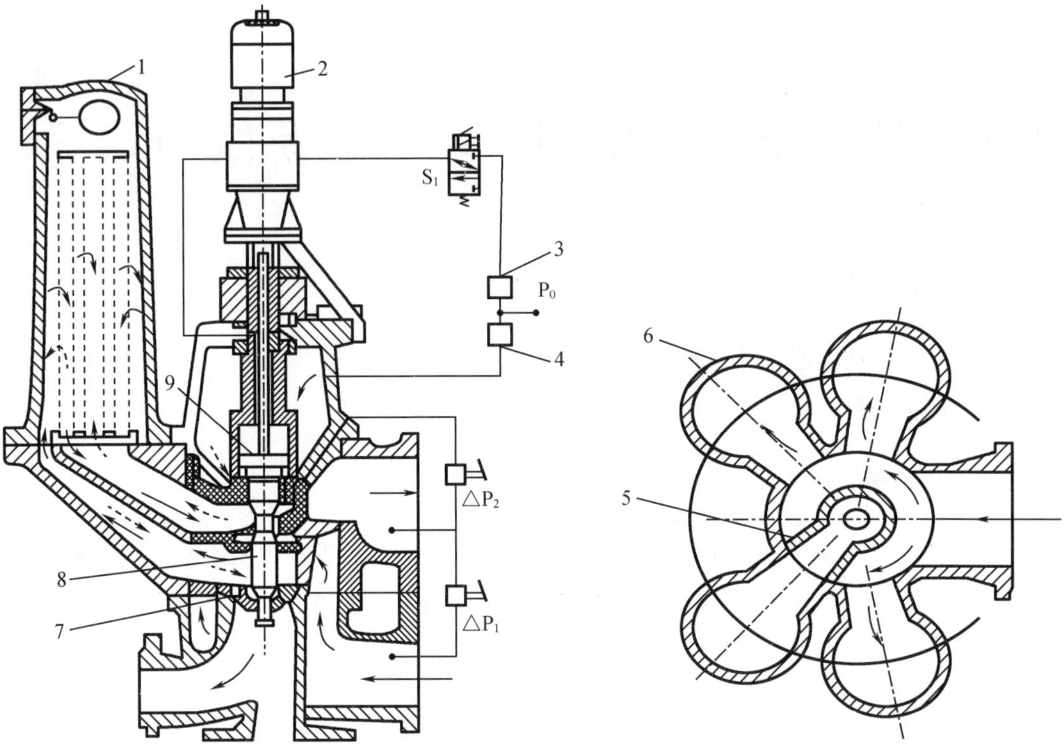

1—滤筒;2—启动电机;3,4—减压阀;5—旋转本体;6—滤筒;7—排污阀;8—控制阀;9—控制活塞。

图 4-1　空气反冲式自清洗滤器的结构原理

二、自清洗滤器的自动控制电路

空气反冲式自清洗滤器的自动控制电路如图 4-2 所示。合上电源主开关 S,因延时继电器 RT 还没有动作,其触头 RT(1 ~2)/7 断开,RT(1 ~3)/6 闭合,冲洗电磁阀 S_1 通电上路通,控制活塞上部空间通大气,控制活塞下面的0.3 ~0.4 MPa 的压缩空气把控制活塞抬起,打开控制阀和排污阀,对一个滤筒进行清洗。冲洗 1 min 左右时间,继电器 RT 已达到延时时间动作,其触头 RT(1 ~3)/6 断开,RT(1 ~2)/7 闭合,电磁阀 S_1 断电下路通,控制活塞上部空间通气源经减压阀输出的气压信号,把控制活塞压下,关闭控制阀和排污阀,停止清洗。当滤器进、出口压差 Δp_1 大于某值时,其压力开关$\triangle P_1$/3 闭合。因为$\triangle P_2$ 是常闭的,所以接触器 C_1/3 通电动作,触头 C_1 闭合,电机 M 转动,触头 C_1/6 断开,在电机转动时,电磁阀 S_1 不能通电。电机 M 转动时,凸轮开关 CS/5 闭合,继电器 R_1/5 通电动作,其触头 R_1/4 闭合使接触器 C_1 不会因触头 RT(1 ~2)/7 断开而断电,即保持电机继续转动。继电器 R_1 触头 R_1/9 断开,时间继电器 RT 断电其触头 RT(1 ~2)/7 立即断开,RT(1 ~3)/6 闭合,为冲洗做准备。当电机驱动旋转本体转到对准下一个滤筒时,凸轮开关 CS/5 断开,继电器

$R_1/5$ 断电，其触头 $R_1/4$ 断开，接触器 $C_1/3$ 断电，触头 C_1 断开切断电机 M 电源而停止转动，接触器 C_1 触头 $C_1/6$ 闭合。此时虽因继电器 $R_1/5$ 断电其触头 $R_1/9$ 闭合，时间继电器 RT 通电，但需延时 1 min 左右其触头才能动作，故 RT(1～3)/6 继续保持闭合，所以电磁阀 S_1 通电，对滤筒进行清洗。当清洗 1 min 左右时，达到时间继电器 RT 的延时时间，其触头 RT(1～3)/6 从闭合状态断开，RT(1～2)/7 闭合，电磁阀 S_1 断电停止清洗，接触器 C_1 通电，再次启动电机 M 驱动旋转本体对准下一个滤筒进行冲洗。以后就重复上述动作，直到滤器进、出口压差 Δp_1 小于某一个值时，其压力开关 $\triangle P_1/3$ 断开。接触器 C_1 断电，电机 M 断电停转，$C_1/6$ 闭合为下次冲洗做准备，因电机 M 不转，开关 CS/5 是断开的，继电器 $R_1/5$ 断电，触头 $R_1/4$ 断开，而 $R_1/9$ 是闭合的，时间继电器 RT 通电，其触头状态是 RT(1～3)/6 断开，RT(1～2)/7 闭合。故滤器进、出口压差 Δp_1 再增大到某个值时，电机 M 先转动带动旋转本体对准下一个滤筒后再进行冲洗。

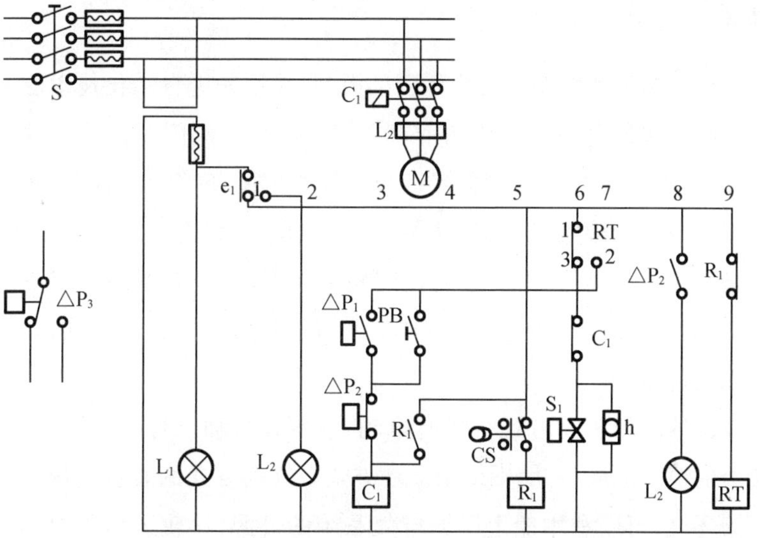

图 4－2　空气反冲式自清洗滤器的自动控制电路

【任务实施】

如果清洗后无效果，说明滤器有故障，当滤器进、出口压差 Δp_1 大于 0.12 MPa 时，报警触头 $\triangle P_3$ 闭合，发出报警信号。$\triangle P_2$ 是冲洗状态指示压力开关。在冲洗时，因冲洗腔室内压力高，使压力开关 $\triangle P_2/8$ 闭合，冲洗指示灯 L_3 亮，而触头 $\triangle P_2/3$ 是断开的，当达到冲洗时间时，电磁阀 S_1 断电，冲洗腔室内压力降低，$\triangle P_2/8$ 断开，冲洗指示灯灭，表示某个滤筒冲洗完毕，同时 $\triangle P_2/3$ 闭合，为接触器 C_1 通电做准备。图 4－2 中 PB 是手动冲洗按钮开关，用于手动清洗。h 为计时器，e_1 为热保护继电器，L_2 为故障指示灯。

任务五　阀门遥控及液舱遥测系统的操作及维护

【学习目标】

1. 了解阀门遥控系统的组成及原理。
2. 掌握液舱遥测系统的组成及原理。
3. 掌握阀门遥控及液舱遥测系统的操作及维护。

【知识准备】

根据国际规范的要求和船舶自动化程度的提高,采用先进自动化技术的船舶阀门遥控及液舱遥测系统已经在各类型新造船舶中得到广泛应用。阀门遥控系统主要用于监控船舶压载水系统、舱底水系统以及货油装卸系统等管路上的遥控阀门状态,而液舱遥测系统则主要用于监测船舶各压载舱、淡水舱液位以及船舶吃水状态。对于新造液货船舶,包括原油船、成品油船、化学品船等,为了达到密闭装卸的要求,液舱遥测系统不仅需要监测液舱内的液位,还要随时监测舱内的温度、气体压力、液货密度、质量等参数,以确保船舶装卸与航行的安全和液货质量。

阀门遥控系统的阀门驱动方式一般有电动、液压和气动三种。在机舱舱底、管隧等潮湿环境和油船上的危险区域,一般不采用电动方式。气动方式的装置结构简单、造价低,即使漏泄也不污染环境,可以利用船上压缩空气系统的气源,比较适用于中小型船舶。但是由于气源压力有限,驱动器体积较大,气动遥控阀工作时有冲击性,难以保持中间开度,空气中的水分会造成气动元件锈蚀。根据船舶建造规范,油船油舱内不能使用气动驱动器,因此目前船舶阀门遥控系统主要采用液压方式。

液舱遥测系统根据船舶液舱传感器采集到的电信号,来满足所有液舱参数的测量要求。目前用于液位测量的方法主要有压力传感器式和雷达式。为了减少安装于液舱中传感器的数量,可以根据需要选用集测量温度、压力以及液位等参数于一体的多功能传感器,从而构成完整的液舱遥测系统。

一、阀门遥控系统

1. 阀门液压集中控制系统

阀门液压集中控制系统一般由液压泵站、电磁阀箱、阀门控制箱、液压管路、监控机等部分组成,如图5－1所示。由于该类型控制系统中所有阀门的开闭均由液压泵站提供的液压油实现,采用集中控制,无论几个阀门需要开闭,都需要启动液压泵,控制管路长而且复杂,容易漏泄造成污染,如果液压泵站出现故障,整个系统将无法工作。对于离液压泵站较远的阀门,由于管路中存在较大的压力损失,不利于阀门的开闭。

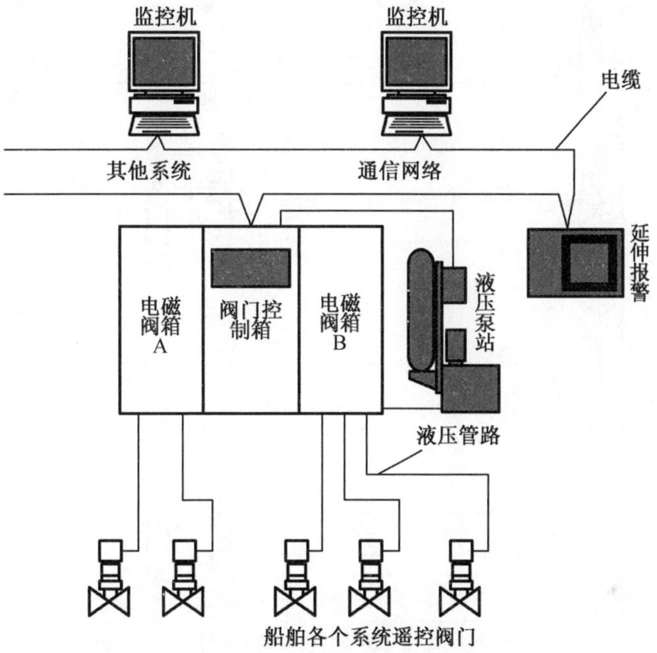

图5－1　阀门液压集中控制系统组成示意图

液压原理如图5－2所示。在液压泵站中通常装有气囊式蓄能器,与单向阀、压力继电器构成保压回路,以补充系统的压力损失,并且在液压泵出现故障时作为应急油源。

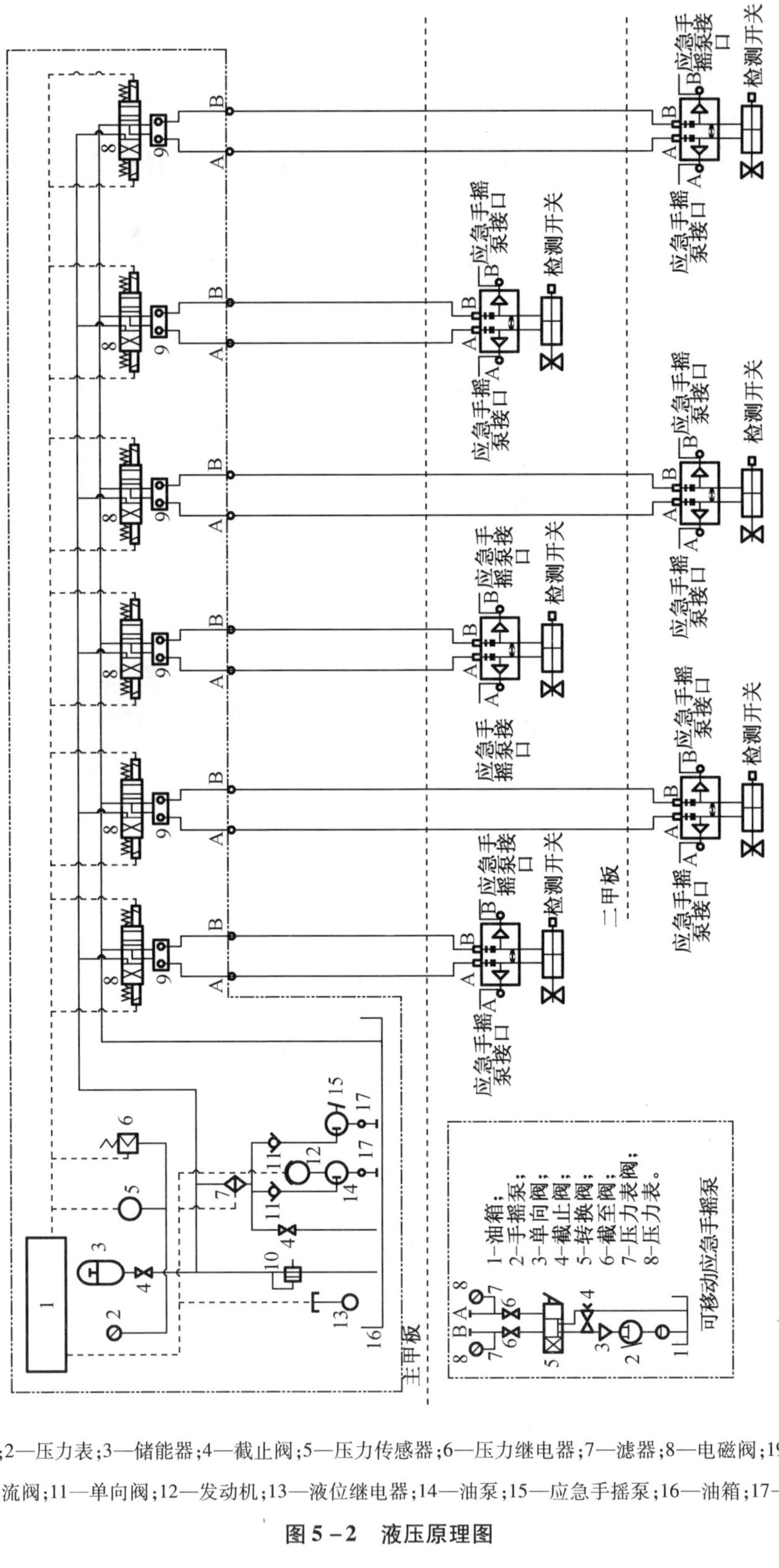

1—控制箱;2—压力表;3—储能器;4—截止阀;5—压力传感器;6—压力继电器;7—滤器;8—电磁阀;19—单向阀;10—溢流阀;11—单向阀;12—发动机;13—液位继电器;14—油泵;15—应急手摇泵;16—油箱;17—滤器。

图 5－2　液压原理图

操作人员通过控制电磁换向阀,进而改变进入液压执行机构液压油流动的方向,达到控制阀门开闭的目的。当电磁阀两端电磁铁均断电,阀芯处在中位时,液压锁可将液压执行机构两端油路无泄漏封闭,锁住阀门。

在阀位指示器上装有两个微动开关,当阀门处在全开或者全闭位置时,阀位指示器上的摆动杆压合相应的微动开关,使电液控制箱上的阀门状态指示灯亮。

结合可编程逻辑控制器(PLC)技术、单片机技术以及工业组网技术,对于电磁换向阀的控制方式,可以通过继电器、单片机、PLC,甚至计算机监控站进行,阀门状态也可以在监控计算机上得到体现。随着自动化技术的发展,用 PLC 控制电磁换向阀的方式越来越普遍。

2. 阀门电液分散控制系统

阀门电液分散控制系统是目前应用最为广泛的新型阀门控制系统。系统一般由上层控制设备(包括工控机、PLC、MIMIC 控制面板)、独立的电液驱动头、阀门等组成。上层控制设备发出控制指令,控制电液驱动头中的电机或者电磁阀,进而改变液压油流进液压执行机构的流向,达到阀门开闭的目的。同时,阀位指示器将阀门的实际状态反馈至上层控制设备,通过指示灯显示阀位状态。电液驱动头将电机、液压泵、控制附件等集成在一起,组成小型的独立电液驱动头,装在每个遥控阀门上,由电信号直接控制电机正反转或者电磁阀通位来控制阀门的开关。

电液驱动头主要由以下 4 个模块组成:

(1)动力模块

动力模块包括微型电机、微型径向柱塞泵、溢流阀、单向阀、油箱。微型电机可以选择单向工作或者正反转工作,对于单向工作的电机,在系统中增设换向阀,用于改变液压油流向,正反转工作的电机则可以省去换向阀,通过改变电机正反转来实现油流向的改变。液压泵主要有径向柱塞式变量泵以及定量泵,变量泵可以调节液压油流量,进而改变阀门启闭的时间。油箱为全封闭式,溢流阀和单向阀组可以保证管路在油泵停止工作时也充满油液。

(2)安全保护模块

安全保护模块包括压力开关以及安全阀组。如果阀门卡死,则必然导致开关阀门时压力升高,达到调定压力时,压力开关动作,电机停止运转。安全阀组在压力异常升高时开启,压力油直通油箱,达到安全保护作用。

(3)液压执行机构

液压执行机构一种是普通的液压缸,产生往复运动,用于直接开关截止阀;一种是齿轮和齿条的液压缸,可以产生旋转运动,用于开关蝶阀。此模块设有快速接头,用来在电液控制器不能工作的时候,通过快速接头和一个手动液压泵相连,用手动的方式开关阀门。

(4)阀位指示模块

阀位指示模块包括微动开关和电阻(电流)式阀位指示器。微动开关装在开关阀上,用于在到位时停止油泵,阀位指示器装在开度阀上,可以将阀门的实际开度转变为标准的电阻(电流)信号(0~10 mA 或者 4~20 mA),用来指示阀门的开度和控制油泵。阀门电液分散控制系统采用与液压集中控制系统完全不同的控制模式,采用分散控制,各个控制单元彼此互不相关,一个控制单元损坏不会影响其他控制单元的工作,可靠性得到极大提高。另外,液压控制单元采用集成制造工艺,不存在管路,系统中油液较少,基本上不存在泄漏情况,污染很小。

二、液舱遥测系统

1. 液舱遥测系统的组成及原理

一般液舱遥测系统由信号处理单元,操作单元,显示器,打印机,压力/温度传感器或者雷达式加压力、温度传感器组成,如图 5-3 所示。现在很多液货船要把燃油舱的信息传送至机舱集中控制台,则可选用分散式显示仪表显示燃油舱的液位、温度、质量、容积等,便于轮机部门及时了解燃油舱燃油消耗情况。根据要求,系统还可提供安装在甲板上的就地指示器以便装卸时就地读出数据。由于船舶自动化程度日益提高,越来越多的船东要求在驾驶室配置终端计算机,使当班驾驶员能在驾驶室直接了解船的实时装载、吃水、稳性等各种状态,因此系统提供了计算机网络功能,可随时连接多个终端。在当代最新开发应用的全船自动化系统中,也把测量系统通过网络功能作为液货管理和船舶受力及稳性监测计算机子系统加入全船监控系统中。

(1)信号处理单元

信号处理单元由不间断电源、接口板及控制器等组成。其硬件和软件均为智能化模块设计,能与不同类型的传感器接口连接,输出各种数字和模拟信号。控制器一般采用工业用单片机或者 PLC。信号处理单元的主要功能是:根据操作单元的指令,依次扫描每个舱的传感器信号,通过接口板进入控制器进行信号判别处理,计算后送入操作单元。同时,还根据采得的信号,对传感器标定自检,确保送入操作单元的信号有效。如发现信号异常,则给出传感器或电缆异常的报警信号,以确保系统的安全运行。

(2)操作单元

通常操作单元为一台特制的船用兼容机或者工业计算机,配备工业键盘、鼠标和显示器,基于 Windows 操作系统和 TCP/IP 局域网络协议,安装有液舱遥测系统监控软件,人机界面采用层次化、模块化设计,切换界面可以得到所有监测数据,简单易懂,利于船上操作人员上机操作。另外,操作单元时刻与信号处理单元通信,指挥其运行,对信号处理单元送来的数据信号进行处理计算,并编制成表格、图像后送至显示器和打印机。操作单元还具备网络功能,可以连接其他终端或与全船自动化系统联网。

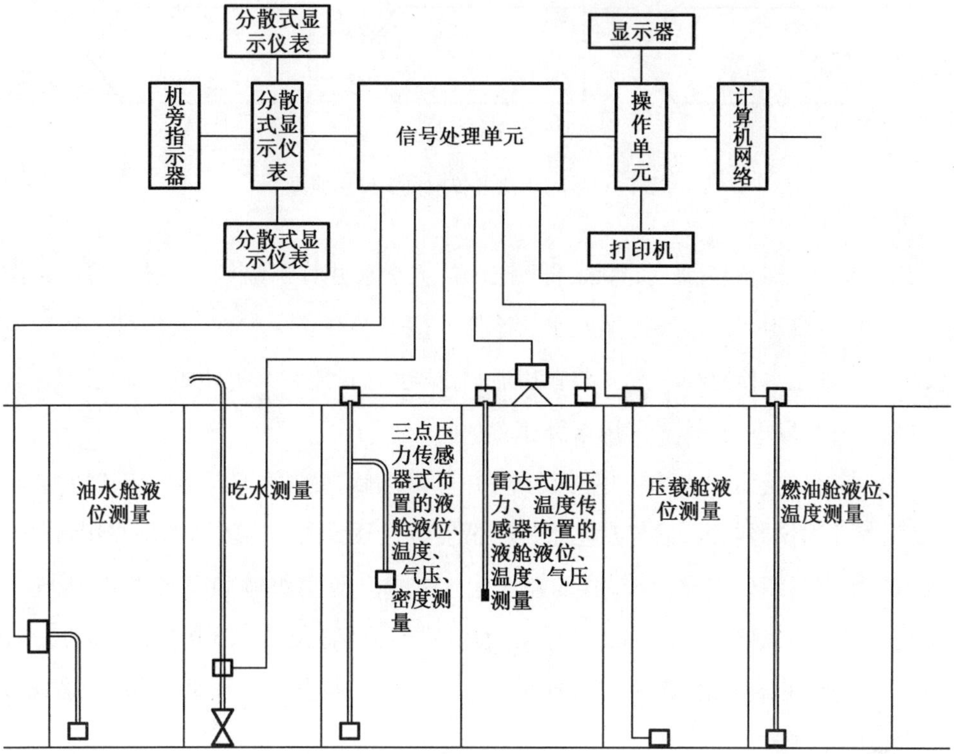

图 5－3　液舱遥测系统组成示意图

(3)显示器

显示器为高密度彩色显示器,用来显示所有的图形、数据、报表和报警等。

(4)打印机

打印机用来打印所需的数据、表格,尤其能打印各种配载方案和装卸货报表,以便归档保存。

(5)传感器

传感器是液舱遥测系统中最为基本的组成部分。根据测量参数及测量区域不同,传感器的选型及布置都有所不同。测量区域及参数包括压载舱的液位,船舶吃水,船舶液货舱的液位、温度、压力等。

2. 传感器的布置及安装

现在大部分船舶压载舱液位的测量都选择在压载舱底部安装一个压力传感器,而船舶吃水测量传感器则有 3 种安装方式,如图 5－4 所示。图 5－4(a)为二点吃水测量;图 5－4(b)为三点吃水测量;图 5－4(c)为四点吃水测量。

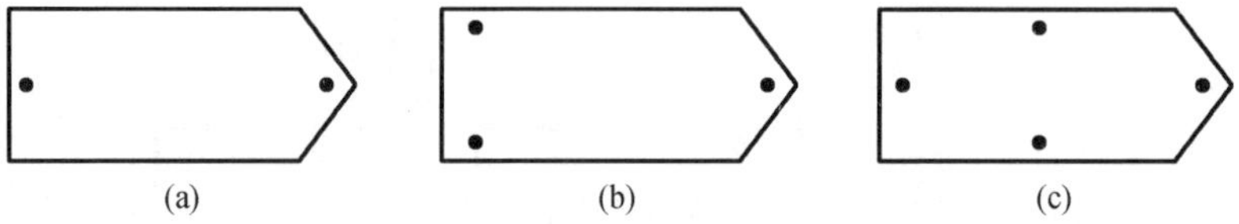

图 5－4　吃水测量传感器安装示意图

二点吃水测量即艏、艉吃水测量，能测出艏、艉吃水并算出纵倾。另外，需在系统内安装一个倾斜仪以测出船的横倾。艏吃水传感器一般安装在艏尖舱内，或安装在隔离空舱或计程仪舱内。艉吃水传感器一般安装在机舱后部，也有安装在泵舱内的。对于型宽较小的船，如载重两万吨以下的，较多采用这类布置。

三点吃水测量能测出艏、艉和左右吃水，并算出纵倾、横倾。艏吃水传感器安装在艏尖舱、隔离舱或计程仪器舱内，后二点吃水传感器安装在泵舱内。这类布置现在用得较少。

四点吃水测量能分别测出艏、艉和左右吃水并单独算出纵倾和横倾。艏、艉吃水传感器的安装位置与二点吃水的一样。左右吃水传感器分别安装在船中左右舷的压载舱内。载重两万吨以上的船舶几乎都采用这种布置方式。有了四点吃水测量，还能直接观察到船体的中拱或中垂现象。

液舱由于要求监测舱内的液位、温度和气压，传感器的布置选型稍微复杂，主要有压力传感器式和雷达式这两种典型的布置方式。

(1)压力传感器式布置

如图 5－3 所示，1 个液舱内装有 3 个压力/温度传感器，PT100 高精度温度传感器附装在压力传感器内，此 3 个传感器组合可测得舱内的液位、温度、气压和密度。

顶部传感器装在液舱的顶部，测量舱内的气压和气体温度。底部传感器装在液舱后壁离底部 60 mm 处，测量舱内的液位和温度。在船舶卸货时，由于艉倾，当液位显示“0”时，表明舱内基本达到干舱。

系统能测量密度，也就能自动计算装载质量，不像无密度测量功能的系统，在计算质量时必须人工输入密度，而且有些液货密度的温度系数很大，因此很难得到高精度的质量计算结果。

对于当代多品种化学品船，绝对不允许货品混淆，有了实际密度测量，即可在系统中设置密度报警。在装货时，一旦实际密度超过设定密度的极限即给出报警，提醒当班人员核查，以避免更严重的混装事故。

(2)雷达式布置

雷达测量器装在甲板上。如果只需测量舱内的液位，雷达式布置的安装工作要比压力传感式的简单。但现代液货船的船员不仅要知道液舱内的液位，还要知道温度和气压，因此除了雷达测量器外还要在舱内安装温度探头及其保护管和舱内气体压力传感器。雷达测量器需布置在离舱内的结构件（如侧壁肋骨等）尽量远的地方，以避免干扰波的影响，并在相应的舱底要留出约 1 m 直径的平整面积，以确保雷达波能直接反射至雷达测量器。

液舱传感器有多种形式的安装方式可供选择，有舱内安装、舱外安装、舱的顶部安装或者侧边安装。液舱传感器安装示意图如图 5－5 所示。

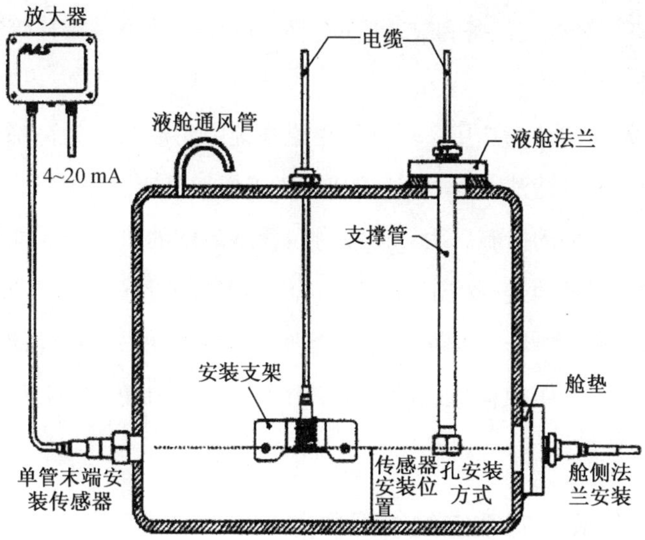

图 5－5　液舱传感器安装示意图

【任务实施】

一、阀门液压集中控制系统的管理要点

液压元件及其管路是阀门液压集中控制系统最易出现故障的部分。由于控制管路长而且复杂，采用集中控制，若泵站出现故障，整个系统将无法正常工作，因此在管理中应该注意以下几点：

①每次启动液压泵前，应该检查油箱中的油位情况，注意油的颜色、黏度是否正常，检查阀门的开启和关闭情况是否正确，防止因阀门的误操作而损坏设备。

②启动液压泵后，注意倾听声音是否正常，检查油压是否正常，系统是否存在漏油，通过观察滤器压差指示来判断滤器是否脏堵。

③对于液压管路中的阀门应该注意操作方法，采用缓慢开、关阀门的方法，尽量减少液

压冲击,从而保护液压管路。

④注意控制液压油的污染,滤器定期清洗,补油时应该对新油过滤后再加入油箱。

⑤对于泵站中有蓄能器的,一般每半年检查一次蓄能器的气压,当压力不足时必须及时补气。

⑥定期检查液压泵站,采用专门的油泵及清洗油对管路进行清洗。为了提高清洗质量,应该注意以下几个问题:

a. 管路清洗的条件。管路清洗时,应该检查系统的气密性。同时循环油柜也应该清洗干净,并且检验合格。对有关设备和较精密的元件,可以采用临时跨接管进行串联,使清洗油在管内循环流通。

b. 管路清洗泵及清洗油的选用。尽量不用原系统中的油泵作为清洗油泵,选用排量比系统中油泵大的油泵进行清洗,使清洗油流速大于工作油流速。

c. 提高管路清洗效果的措施。为了使吸附在管路内壁的机械杂质能迅速脱落,清洗时可以用木手锤对管路间断地进行敲击。此外,清洗油最好能预先加热至 45 ~ 60 ℃,从而降低清洗油的黏度,改善流动状态,还可使杂质溶解在清洗油内。如果清洗管路中有换向阀串联工作,则应该经常操作换向阀,不断改变管路中清洗油的流向,使清洗达到更好的效果。

二、阀门电液分散控制系统的管理要点

阀门电液分散控制系统因采用分散控制,各控制单元彼此之间互不相连,一个控制单元的损坏不会影响其他控制单元的工作,克服液压集中控制形式彼此互相影响的缺点,可靠性提高。控制单元采用集成制造工艺,不存在管路,系统中油液较少,基本上不存在漏泄情况,工作时油液形成闭式循环,不与外界接触,有效防止灰尘、污染物、空气、化学物质侵入系统。所以阀门电液分散控制系统中的液压部分基本上不需要日常保养。集成化的模块式结构使得单元互换性强,也使系统可维修性提高,当某一个控制单元发生故障时,可以十分方便地采用备件进行更换。在管理中只需加强电器部分的保养,防止电气设备浸水或者产生过压而造成损坏。

三、液舱遥测系统的操作与管理指导

各个传感器能否正常工作是液舱遥测系统获得实时数据的关键,因此在对液舱遥测系统的管理中应该加强对传感器的管理。需要注意以下几个方面的问题:

①经常调整各传感器的零点,使显示数据更加准确,每次调整零点后要进行备份,以防

止信息丢失。

②各舱室在装入液体物质前应经常仔细检查各传感器的连接及密封情况，防止因密封不好造成传感器不能正常工作或损坏。

③对于上位监控机，应该严格按照说明操作，不要按与系统无关的各功能键、组合控制键，虽然系统有很大的容错功能，但也有限度，乱操作有可能造成死机或不可预测的结果。

④保证至少有一套系统软件的备份，一旦系统文件丢失或出现其他事故，可以尽快恢复。

⑤在进行其他维修工作时应该注意保护通信电缆，否则会造成严重的后果。

任务六　船舶蒸汽锅炉自动控制系统的认识、维护及常见故障的分析处理

【学习目标】

1. 了解锅炉自动控制系统的组成及原理。
2. 掌握锅炉自动控制系统的燃烧时序。
3. 掌握船舶蒸汽锅炉自动控制系统的维护及常见故障分析。

【知识准备1】

锅炉是船舶动力装置最早实现自动控制的设备之一。它包括水位的自动控制、蒸汽压力的自动控制、锅炉点火及燃烧的时序控制和自动安全保护等。

在蒸汽动力装置中，船用锅炉称为主锅炉，它所产生的蒸汽用来驱动船舶主机，如汽轮机等，它的蒸发量较大，蒸汽压力较高，对水位和蒸汽压力要求比较严格，水位和蒸汽压力不允许有较大的波动。对主锅炉，一般都采用带有积分作用的调节器所组成的定值控制系统加以控制。在内燃机动力装置中所使用的锅炉称为辅锅炉。其中，大型油船辅锅炉所产生的蒸汽要驱动货油泵及其他甲板机械，其蒸发量和蒸汽压力都比较大，它的工作特点接近主锅炉。柴油机货船辅锅炉所产生的蒸汽仅用于加热柴油机所需的燃油、滑油及船员生活。它的蒸发量小（一般小于 5 t/h），蒸汽压力低（一般低于 1.0 MPa），对水位和蒸汽压力的波动要求不严格，一般采用双位控制。

通过前面的介绍可以看出，柴油机货船辅锅炉和柴油机油船辅锅炉的工作特点是不相同的。本章将分别介绍柴油机货船和柴油机油船辅锅炉水位和蒸汽压力的控制特点，以及介绍柴油机货船辅锅炉的燃烧时序控制系统。

一、柴油机货船辅锅炉水位自动控制

1. 柴油机货船辅锅炉水位自动控制特点

柴油机货船辅锅炉蒸发量小，蒸汽压力低，为简化其控制系统，一般对水位进行双位控制，当水位下降到允许的下限水位时，自动启动给水泵向锅炉供水。锅炉水位会逐渐升高。当锅炉水位达到允许上限水位时，自动停止给水泵的工作，停止向锅炉供水。因此，锅炉在工作期间，其水位在允许的上、下限之间波动，不会稳定在某一个水位上。下面介绍电极式

双位水位自动控制系统，其原理如图 6－1 所示。

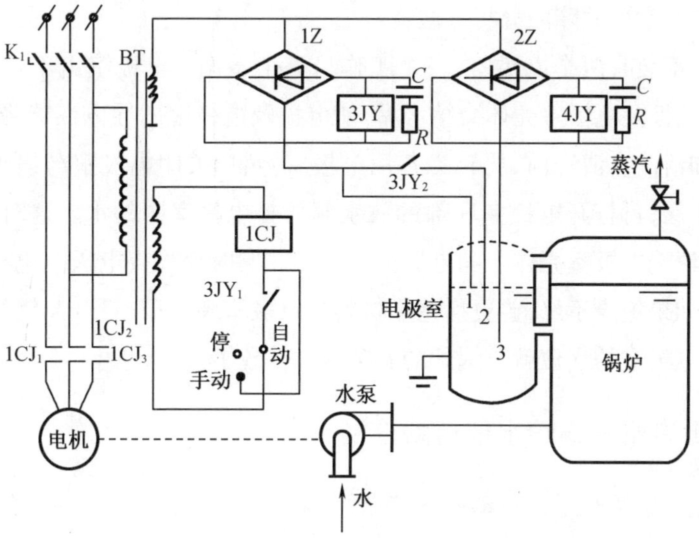

图 6－1　电极式双位水位自动控制系统原理图

电极式双位水位自动控制系统是在锅炉的外面装设一个电极室，它分别与锅炉的水空间和蒸汽空间相通，故电极室中的水位与锅炉水位一致。由于锅炉水有一定的盐分，所以它是导电的，电极室中插有 3 根电极棒，其中，电极 1，2 分别控制允许的上、下限水位；电极 3 用于危险低水位报警。1Z 和 2Z 是二极管桥式整流电路。由变压器次级绕组输出的 24 V 交流电压经 1Z、2Z，电极 1，2，3，锅炉水及电极室接地的壳体，构成交流通路，经 1Z 和 2Z 整流成直流电作为继电器 3JY 和 4JY 的电源。当水位下降到允许的下限水位时，电极 1 和 2 均露出水面，切断了 1Z 的交流通路，继电器 3JY 断电，其常闭触头 $3JY_1$ 闭合，接触器 1CJ 通电动作，其常开触头 $1CJ_1 \sim 1CJ_3$ 闭合，启动电机并带动给水泵向锅炉供水，水位会不断升高。由于继电器 3JY 的常开触头 $3JY_2$ 已经断开，所以当水位超过电极 2 时，1Z 的交流通路仍然是断开的，泵继续向锅炉供水。当水位达到上限允许水位时，电极 1 和 2 均浸在水里，使二极管桥式整流电路 1Z 构成交流通路，继电器 3JY 通电，常闭触头 $3JY_1$ 断开，接触器 1CJ 断电，其常开触头 $1CJ_1 \sim 1CJ_3$ 断开，电机断电停转，停止向锅炉供水，水位会逐渐下降。由于继电器 3JY 的常开触头 $3JY_2$ 已经闭合，故继电器 3JY 不会因电极 1 露出水面而断电，即不会马上启动给水泵向锅炉供水。只有水位下降到下限允许水位，电极 2 露出水面时，继电器 3JY 才会断电，水泵才能向锅炉供水。显然，调整电极 1，2 的位置可调整锅炉的上、下限水位。一般来说，在允许波动的范围内，电极 1 和 2 之间的距离不要调整得太小，否则给水泵电机启停频繁，影响使用寿命。如果给水泵有故障，当水位下降到下限水位，电极 2 露出水面时，水泵不能向锅炉供水，水位会继续降低。当水位降低到危险低水位时，电极 3 露出水面，切断 2Z 的交流通路，使继电器 4JY 断电，发出声光报警，同时会自动停炉。

2. 管理要点及常见故障的分析方法

一般辅锅炉都装有两个电极室，一个工作另一个备用。电极室由于长期使用，其中水的纯度会提高，电极及电极室壳体会结水垢，使电极及电极室的导电性能降低。因此，电极室要定期放水和清洗。清洗前，要转为备用电极室，然后关闭电极室与锅炉水空间和蒸汽空间相通的截止阀，再打开电极室底部的放水阀放掉电极室中的水。这时可拔出电极，打开电极室上盖，清洗电极室壳体上和电极上的水垢。同时要检查电极与电极室上盖之间的绝缘是否良好，如果绝缘不好，要更换绝缘材料。电极室装复后，打开与锅炉蒸汽和水空间相通的截止阀，电极室的水位就与锅炉的实际水位一致了。

二、柴油机油船辅锅炉水位自动控制

1. 柴油机油船辅锅炉水位自动控制特点

锅炉在运行期间，炉水中有一部分是气泡，这种气泡不断在受热面上形成，随后脱离受热面升起并进入锅炉的蒸汽空间。对于现代船用锅炉，水面下的总蒸汽量可达到全部水容积的 15% ~20% 。水面下的蒸汽总量与锅炉的蒸发量和蒸汽压力有关，蒸发量越大、蒸汽压力越低，水面下的蒸汽总容积就越大。因此，锅炉在稳定工况时，水位与水面下的蒸汽容积有关。锅炉在过渡工况时，水位不仅受蒸发量和给水量的影响，而且还受水面下蒸汽容积变化的影响。特别是在负荷突然变化的短时间内，水位的变动主要取决于水面下蒸汽容积的变化。这是因为锅炉在运行时，炉水温度接近于锅炉压力下的饱和蒸汽温度。假如蒸汽流量突然增大，而炉膛中的燃烧情况还未来得及随之变化，锅炉蒸汽压力就要降低，蒸汽的饱和温度也随之下降，这样会使水面下蒸汽比容增大，造成水面下蒸汽总容积增大；另一方面，由于炉水变成过热水，将产生更多气泡也使水面下蒸汽容积增大。由于这种自蒸发现象，在蒸汽流量大于给水量的情况下，水位却会上升。反之，当锅炉负荷突然减小时，尽管给水量大于蒸汽流量，水位却会下降。

(1)锅炉水位的双冲量控制

仅仅根据锅炉水位来控制给水阀开度的控制系统称为单冲量水位控制，它是连续给水自动控制中最简单、最基本的一种形式。在蒸汽压力较高、负荷变动较大、炉水容积相对较小的情况下，只用单冲量水位控制会在短时间内加大蒸汽流量与给水量之间的差值，这时采用双冲量的水位控制对克服虚假水位能取得良好效果，其控制原理如图 6 -2 所示。它的检测装置有两个：一个是检测水位变化的水位冲量信号；另一个是检测蒸汽流量变化的蒸汽流量冲量信号。这两个冲量信号都送到双冲量调节器。蒸汽流量信号是前馈信号，它与扰动变化大小成比例，控制作用在扰动发生的同时就产生，而不是等到扰动引起被控量发生波动后才产生，因此采用前馈控制可以改善控制的质量。对于双冲量给水自动控制系统，当蒸汽流量发生变化时，就给调节器发一个信号，使给水量和蒸汽量同方向变化，因此，可以减小或抵消由于虚假水位现象而使给水量与蒸汽流量向相反方向变化的误动作，使调节阀一开始就向正确的方向移动，从而减小了给水量和水位的波动，缩短了调节时间，可以改善水位的控制品质。

船用水管主锅炉，常采用双冲量，甚至是三冲量（水位、蒸汽流量和给水量作为调节器的输入量）的给水调节器。而船用辅锅炉，大多数采用单冲量或双冲量水位控制系统。

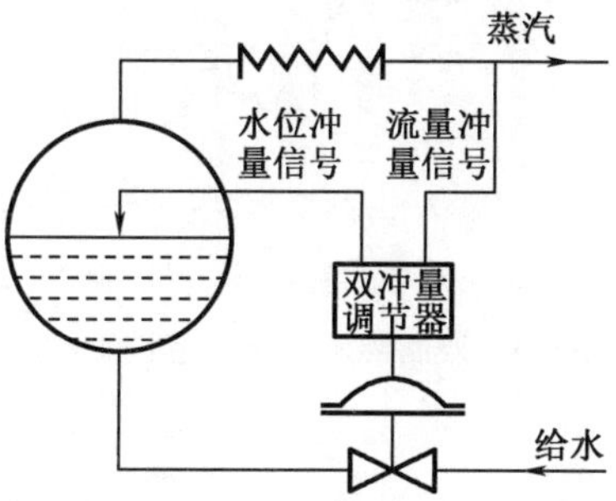

图 6－2　双冲量给水控制原理图

（2）水位自动控制中的双回路给水

油船锅炉给水系统通常由汽轮机给水泵从热水井把水抽出来，经给水调节阀打进锅炉里去。控制给水量可通过改变给水阀的开度来实现。通过给水阀的给水流量 G 与给水阀的流通面积 F 和给水阀前后压差 Δp 有关，它们之间的关系为

$$G=\mu F\sqrt{\Delta p}$$

式中，μ 称为流量系数，给水系统选定以后它是一个常数。改变给水阀的开度实际上就是改变给水阀的流通面积 F。从上式可知，只有在给水阀前后压差 Δp 基本不变的情况下，给水流量 G 才能与给水阀的流通面积 F 成比例。但对汽轮机给水泵来说，如果蒸汽调节阀开度不变，则泵的排量基本不变，不管开大或关小给水阀，进入锅炉的给水量基本上是不变的，因此仅仅改变水阀的开度往往达不到控制给水量的目的。锅炉水位连续自动控制系统除了具有根据水位偏差和蒸汽流量双冲量来控制给水阀开度的水位控制回路外，还应设有维持给水阀前后压差恒定的给水差压控制回路。这样，给水量就直接与给水阀的开度成比例了。双回路水位控制系统工作原理如图 6－3 所示。

若锅炉水位低于给定值，水位调节器输出的控制信号会开大给水阀。由于给水阀开大使其前后压差减小，给水差压调节器输出的控制信号开大蒸汽调节阀，提高汽轮机给水泵的转速，使给水阀前后压差保持恒定。有的锅炉还有给水温度控制，如果给水系统用除氧器代替给水加热器，则还要有除氧器压力和水位控制。

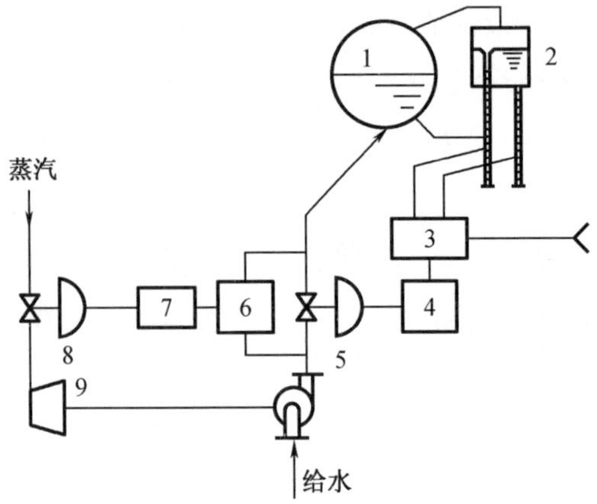

1—锅炉;2—参考水位罐;3—差压变送器;4—水位调节器;5—给水阀;
6—差压变送器;7—比例积分调节器;8—蒸汽调节阀;9—透平给水泵机组。

图 6－3　双回路水位控制系统工作原理

2. 柴油机油船辅锅炉水位自动控制系统的组成及工作原理

某油船辅锅炉给水控制采用的是双冲量水位自动控制系统,在系统中还设有给水差压控制回路,图 6－4 为锅炉水位自动控制系统原理图。

此锅炉水位自动控制系统主要是由水位差压变送器、水位调节器、气动计算器、蒸汽流量变送器、给水调节阀、给水差压变送器、给水差压调节器等主要部分组成。锅炉水位的变化是由水位差压变送器测量的;蒸汽流量的变化也就是锅炉负荷的变化,则由蒸汽流量变送器来测量。系统中水位差压变送器的作用是将锅炉水位的变化量转变成标准气压信号送到水位调节器中。水位调节器的作用是将水位差压变送器的输出信号经比例积分的反作用处理后,送到气动计算器的通道 A 中。气动计算器具有如下功能:

$$P = B + K(A - C)$$

式中,P 为气动计算器的输出气压信号;A 为锅炉水位调节器的输出信号;B 为蒸汽流量变送器的输出信号;K 为系统常数,此处 $K = 2$;C 为仪表制造常数,本仪表为 50% (0.06 MPa)。

如果锅炉的负荷保持不变,则蒸汽流量变送器输出的气压信号 B 将是一个恒定值,此恒定值使给水控制阀在计算器的作用下有一个相应的开度,以保持恒定的水位。而这个恒定的水位要保持在锅炉正常水位的中间,水位调节器的输出必须是在 50% 的值上 (0.06 MPa),故有

$$K(A - C) = 2 \times (50 - 50) = 0$$

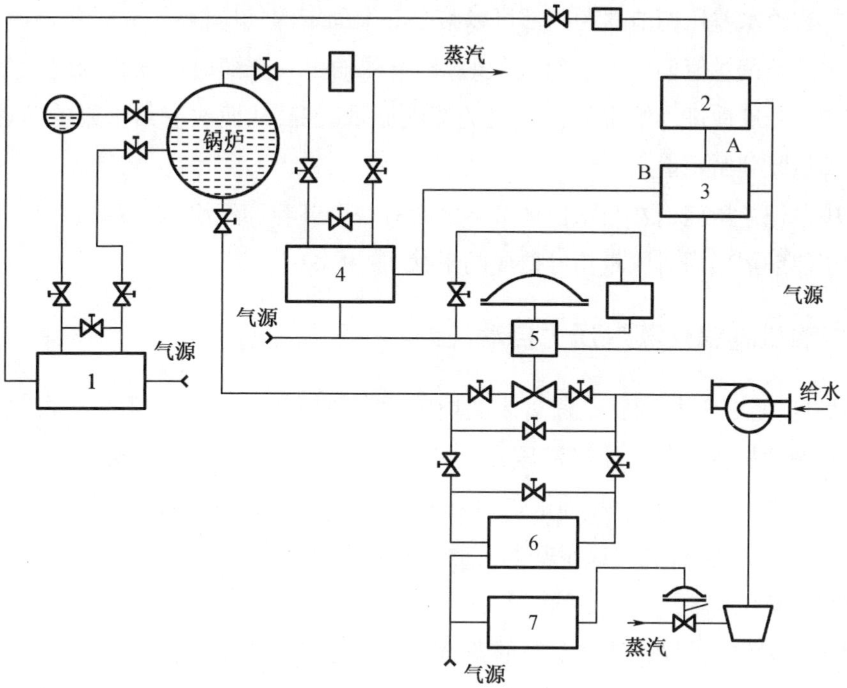

1—水位差压变送器;2—水位调节器;3—气动计算器;4—蒸汽流量变送器;

5—给水调节阀;6—给水差压变送器;7—给水差压调节器。

图 6－4　锅炉水位自动控制系统原理图

由此可见,在锅炉负荷不变的条件下,锅炉的正常供水量仅取决于锅炉的负荷量,也就是说锅炉给水阀的开度是由蒸汽流量的大小来决定的。而在变负荷条件下,锅炉的水位是在不断变化的。如随着负荷的变化在某一时刻给水量大于负荷量,锅炉中的水位将随之上升,从而引起水位调节器的输出信号减小并小于 50%(0.06 MPa),在这种情况下 $K(A-C)$ 将会是负值,即有 $P<B$,也就是气动计算器的输出将逐渐减小,使给水调节阀关小,直到建立新的平衡为止。反之,当锅炉的水位在瞬间变低时,通过水位差压变送器及水位调节器的作用,可使 $K(A-C)$ 变成一个正值,并且这个正值加上蒸汽流量信号成为气动计算器的新输出值,这个新输出值使给水调节阀渐渐开大,以恢复正常的水位。所以,锅炉水位是由给水调节阀的开度来保证的。而当锅炉负荷变化时,控制给水调节阀开度的信号大小是由气动计算器根据蒸汽流量变化加上一个水位调节器的输出信号(正或负)来决定的。在使用管理过程中,如果锅炉水位需要维持得高一些或低一些时,只要相应地改变表征给定值的设定气压信号即可。

系统中的给水差压控制回路把给水调节阀前后的压差信号,送到给水差压变送器的测量部分,并按比例转换成气压信号。变送器输出的给水差压信号送到给水差压调节器的测量波纹管。在给水差压调节器的内部可以给定一个固定的气压信号，并将它转换成给定参数。当给水压差测量值偏离上述给定值时，调节器输出一个随时间变化的气压信号，改变蒸汽调节阀的开度使进入给水泵汽轮机的蒸汽流量改变，从而改变给水泵的转速，最后使给水差压值恢复到给定值上。

系统中水位差压变送器与水位调节器之间有一个气容和气阻构成的惯性环节，以克服和减少由于船舶摇摆而对测量信号造成的干扰。

三、柴油机辅锅炉蒸汽压力自动控制

对锅炉的蒸汽压力控制，是通过改变炉膛的喷油量和送风量，控制锅炉的燃烧强度来实现的。对柴油机货船辅锅炉蒸汽压力自动控制系统的要求是简单、可靠，对经济性的要求并不严格。因此，大多数货船辅锅炉均采用蒸汽压力的双位控制，少数采用比例控制，并保证在锅炉不同负荷下，其送风量基本上适应喷油量的要求。

1. 燃烧的双位控制

在燃烧的双位控制系统中，锅炉的蒸汽压力不能稳定在某一值上，而是在允许的范围内波动。其中，最简的方案是在蒸汽管路上装一个压力检测开关。当蒸汽压力上升到允许的上限值时，压力检测开关断开，油泵和风机停止向炉膛喷油和送风，即自动停炉。当蒸汽压力下降到允许的下限值时，压力检测开关闭合，自动启动油泵和风机，即自动启动锅炉进行点火燃烧。这种控制方案虽然简单，但由于锅炉启停频繁，对锅炉运行不利，所以很少采用。在绝大多数燃烧双位控制系统中，在蒸汽管路上装两个压力检测开关，它们动作的整定值不同。当蒸汽压力下降到允许下限值时，两个压力检测开关都闭合，控制系统自动启动风门电机使风门开得最大，它同轴所带动的回油阀关得最小(这是采用一个油头工作的情况，对采用两个油头的锅炉是打开两个供油电磁阀使两个油头同时喷油)。这时喷油量和送风量都最大，即对锅炉进行所谓的“高火燃烧”。当蒸汽压力上升到正常上限值时，一个压力检测开关闭合，另一个压力检测开关断开，再次启动风门电机把风门关得最小。它同轴带动的回油阀开得最大(或关闭一个燃油电磁阀，使一个油头喷油工作)。这时，喷油量和送风量都是最小的，即锅炉进行所谓的“低火燃烧”。当锅炉负荷变化时，蒸汽压力就在允许的下限值和正常的上限值之间波动。当锅炉负荷很小时，在“低火燃烧”的情况下，蒸汽压力仍然要继续升高。当蒸汽压力升高到高压保护压力时，两个压力检测开关均断开，自动停炉，发出声光报警。当蒸汽压力下降到允许的下限值时，两个压力检测开关均闭合，但必须按复位(启动)按钮才能重新启动锅炉。

2. 燃烧的比例控制

在少数货船辅锅炉的蒸汽压力控制系统中，采用压力比例调节器和电动比例操作器所组成的比例控制系统。燃烧比例控制系统工作原理图如图 6 – 5 所示。其中，图 6 – 5(a)是压力比例调节器的工作原理,图 6-5(b)是电动比例操作器的工作原理。蒸汽压力的变化会使划针沿着电位器滑动(图 6-5(a)),改变电阻 R_1 和 R_2 的比值(图 6-5(b)),于是 A 点电位 U_A 就与蒸汽压力信号成比例。扭动调整螺钉可改变弹簧的预紧力,可调整蒸汽压力的给定值。

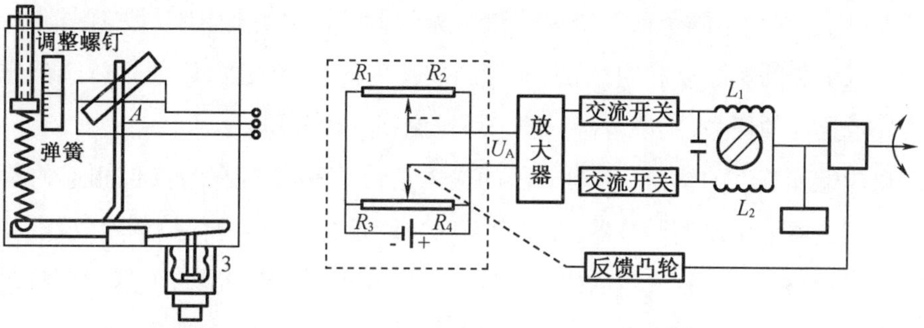

(a)压力比例调节器　　(b)电动比例操作器

图 6-5　燃烧比例控制系统工作原理图

当锅炉的燃烧强度适应锅炉负荷要求时,蒸汽压力稳定在某一值上,划针的位置不变。由风门电机带动的反馈划针位置也不变,图 6-5(b)所示的电桥平衡,其条件是 $R_1 \cdot R_4 = R_2 \cdot R_3$。当蒸汽压力升高时,划针左移,$R_1$ 减小,R_2 增大,破坏了电桥的平衡,使电桥输出一个上负下正的不平衡电压信号 U_A。经放大器放大后,去触发反转可控硅交流开关使其导通,电机 M 反转,关小风门开大回油阀,以降低锅炉的燃烧强度使蒸汽压力降低。与此同时,电机 M 同轴带动的反馈凸轮转动并推动反馈划针向左移动,使 R_3 减小、R_4 增大。当反馈划针移动到使 $R_1 \cdot R_4 = R_2 \cdot R_3$ 时,电桥又处于新的平衡状态,这时 $U_A = 0$,电机 M 停转,锅炉的燃烧控制达到一个新的平衡状态。当蒸汽压力降低时(锅炉负荷增大),划针右移,电桥输出的不平衡电压信号 U_A 为上正下负。经放大器放大后,触发正转可控硅交流开关导通,电机 M 正转,开大风门关小回油阀,加强锅炉的燃烧强度,使蒸汽压力上升。同时反馈划针右移,直到 $R_1 \cdot R_4 = R_2 \cdot R_3$ 时,控制系统又达到一个新的平衡状态。通过改变测量电位器的倾斜角度,可调整比例作用强弱。该电位器倾斜角越大,在蒸汽压力变化量相同的情况下,即划针左右移动相同距离时,电阻 R_1 和 R_2 的变化量越大,电桥所输出的不平衡电压信号 U_A 变化量越大,电机 M 需要转一个较大的角度,也就是对炉膛的送风量和喷油量改变比较大才能达到新的平衡,即比例控制作用强;反之比例控制作用减弱。

四、油船辅锅炉蒸汽压力自动控制

锅炉蒸汽压力自动控制也就是燃烧自动控制。它根据蒸汽压力的高低自动改变进入炉膛的喷油量和送风量，维持锅炉蒸汽压力恒定或在允许的范围内波动。由于船用主锅炉和大型油船辅锅炉的蒸发量较大，蒸汽压力较高，往往需要保持稳定的气压，此时一般都采用定值控制方案。

1. 蒸汽压力控制的特点

由于燃烧自动控制系统中的被控量是蒸汽压力，所以首先要有蒸汽压力调节器（又称主调节器）。它在锅炉不同负荷下接受蒸汽压力的偏差信号并输出一个控制信号，通过伺服器控制进入炉膛的燃油量和空气量，即控制炉膛内的燃烧强度，以便保持蒸汽压力为恒定值。为完成这样的任务，主调节器一般采用比例积分调节器。

对于供应饱和蒸汽的锅炉，主调节器的输入信号管路都接在与汽包相连的蒸汽管路上。如果主调节器采用比例调节器，在零负荷时，调节器使汽包内保持额定气压；在满负荷时，因比例调节器有静差，故汽包内的压力要比额定气压低 10% 左右，但这对用气设备不会有很大影响。

对于供应过热蒸汽的锅炉，主调节器的输入信号管路应接在过热器后面。如果输入信号管路仍接在与汽包相连的蒸汽管路上，则在满负荷时，除由于调节器静差使蒸汽压力降低 10% 左右外，蒸汽流经过热器管道后，蒸汽压力又会降低 10% 左右，这对用气设备的工作是不利的。要保证燃油的完全燃烧，在喷油量改变的同时，必须相应地改变进入炉膛的空气量。从锅炉的热计算和热工实训中可以预先知道在每一个喷油量下喷油器前应保持多大的风压。因此，燃烧自动控制系统还需设有空气压力或空气量调节器，它严格地根据喷油量的变动来控制进入炉膛的空气量。这时空气量调节器得到来自蒸汽压力调节器的一个反映供油量大小的信号，即空气量调节器的给定值要根据不同的喷油量、按预先规定好的喷油量与空气量的配比关系来变化。这种控制关系与保持恒定的被控参数的定值控制不同，在控制系统分类中，称为程序控制。

主调节器也可以直接控制进入炉膛的空气量，或同时直接控制进入炉膛的燃油量和空气量。但是，燃油量与空气量的这种“程序”关系是不变的，图 6－6 示出了由试验测定的空气压力与喷油量之间的关系曲线。图中横坐标 F_o 为喷油量，纵坐标 p_B 表示在每一个喷油量下所需要的空气压力。如果空气量调节器采用比例调节器，每一个喷油量所对应的实际供气压力如图 6－6 中虚线所示，虚线与实线之间的距离就是调节器的静差。

空气量调节器最终控制风门挡板或鼓风机，需要相当大的作用力，因此这种调节器都是采用间接作用式。

燃油能否完全燃烧，还取决于燃油雾化的情况，燃油压力和温度是影响燃油雾化的两个因素。为此，在燃烧控制中，还应装有燃油温度和燃油压力调节装置，这里不做详细讨论。

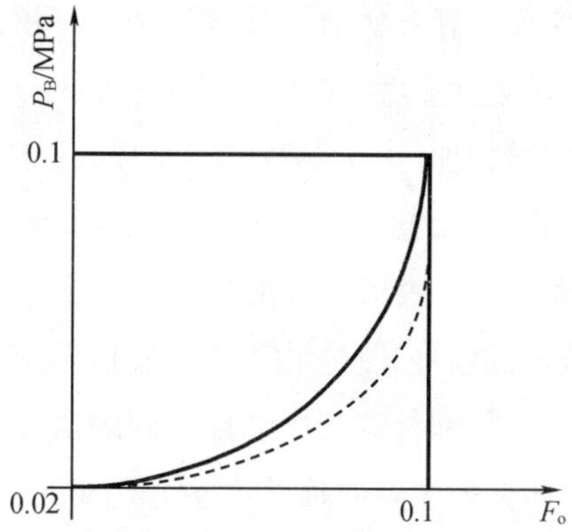

图 6－6　空气压力与喷油量之间的关系

2. 蒸汽压力自动控制系统的组成及工作原理

以蒸汽压力为被控量的蒸汽压力自动控制系统，要求它满足锅炉在不同负荷下，气压都能稳定在给定值上。油船辅锅炉燃烧控制系统框图如图 6－7 所示，由图中可见，油船辅锅炉蒸汽压力自动控制系统是由两个控制回路组成的。其中一个回路是根据蒸汽压力的偏差值经比例积分的蒸汽压力调节器来控制燃油调节阀的开度，即改变向炉膛的喷油量。喷油量改变必须同时改变向炉膛的送风量(空气量可用风道与炉内之间的压差来表示)，为了保证燃油完全燃烧并得到较高的经济性，对应某一喷油量要有一个最佳的送风量(最佳的空气压力)与之相匹配，即在某一喷油量下要求有一个最佳的风油比。经试验已测定空气压力与喷油量之间为近似平方关系(即图 6－6 所示曲线)。这样，燃烧控制系统的另一个控制回路是根据喷油量对空气压力进行控制的回路。在这个回路中，空气压力的给定值是随喷油量而变化的。燃油量变送器输出的气压信号代表喷油量，函数发生器输出与喷油量平方成比例的信号，这一信号是代表该喷油量下最佳空气量的气压信号。该信号一路直接送到高压选择阀，另一路与微分控制阀的微分部分输出信号相加后再送入高压选择阀。

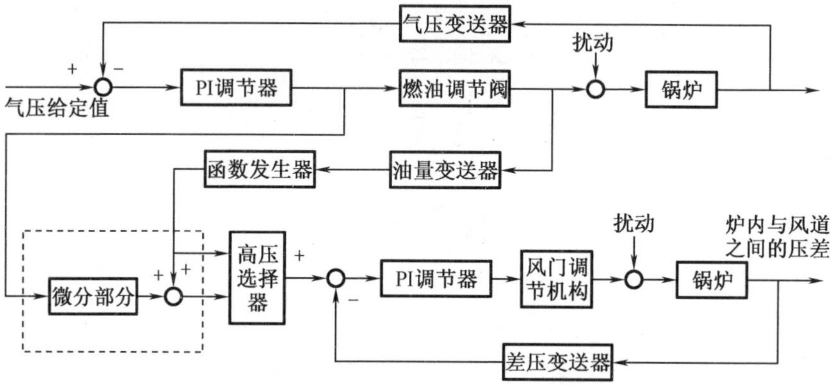

图 6－7　油船辅锅炉燃烧控制系统框图

因此,当锅炉负荷从一个平衡位置突然增加时,燃油控制阀的输入信号也随之突然增加,此时微分控制阀的微分部分也将随突然增加的燃油控制阀输入信号而有一个较大的输出信号,然后与函数发生器的输出信号相加(由于函数发生器具有一阶延迟特性,此时输出的变化量是较小的)后送入高压选择阀,高压选择阀的作用是自动选择这两个信号中的较大者作为输出,从而使空气压力控制回路有一个突然增加的设定空气量信号。由于设定空气量信号及时调到函数发生器延迟后应输出的信号,使过量空气优先于喷油量增加而进入炉内,从而维持了稳定的燃烧。当锅炉负荷突然减小时,送到燃油控制阀的信号也突然减小,这时,高压选择阀选用函数发生器输出信号。函数发生器的延迟效应使炉内处于空气过剩状态。

送入炉膛的实际空气量是用风道与炉内的压差来反映的,经差压变送器输出一个代表锅炉空气量实际值的气压信号与高压选择阀送出的给定值相比较,得到空气量的偏差信号,经比例积分的空气量调节器控制风门调整机构以改变向炉膛的送风量。

该系统中使用的蒸汽压力调节器和空气量调节器的类型与水位控制系统中的调节器完全相同。蒸汽压力变送器、油量变送器及风压差变送器的工作原理、调零、调量程的方法与测量水位用的差压变送器是相同的,只是在结构上略有差异,故不再重述。

3. 系统的其他主要元件

(1)燃油控制阀

燃油控制阀的结构如图 6-8 所示。p_1 是由蒸汽压力调节器输出的控制信号,作为燃油控制阀的输入信号。p 是燃油控制阀输出的燃油压力,它与燃油量成比例。p_0 是燃油控制阀前的压力。假定,膜片的有效面积为 F;反馈波纹管的有效面积为 f。预紧弹簧的预紧力为 N。在稳态时,燃油控制阀的输入信号压力 p_1 与输出的燃油压力 p 之间的关系为

$$p_1 \times F + N = p \times f$$

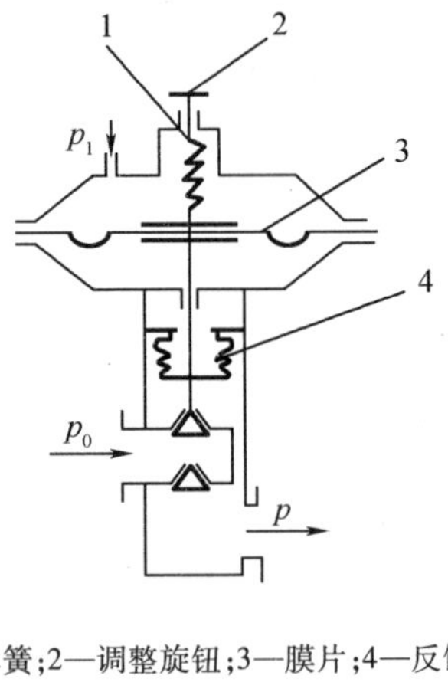

1—预紧弹簧;2—调整旋钮;3—膜片;4—反馈波纹管。

图 6-8　燃油控制阀的结构图

在工作中，F、N、f 是不变的，因此燃油控制阀输出的燃油压力 p（即燃油量）只取决于输入信号压力 p_1。它们之间保持良好的线性关系，不受阀芯摩擦力、阀前油压变化等因素的影响。

（2）函数发生器

函数发生器使喷油量与送风量呈近似平方关系，其结构原理如图 6－9 所示。代表喷油量实际值的气压信号 $p_入$ 送入测量波纹管，若喷油量增大，挡板靠近喷嘴，喷嘴背压升高，经气动功率放大器使输出气压信号 $P_出$ 增大，通过风门调节机构增大向锅炉的送风量，同时增大的 $P_出$ 送入反馈气室，压缩反馈波纹管使反馈杆上移，于是反馈凸轮顺时针转动，通过反馈杆件及调零弹簧限制挡板继续靠近喷嘴。函数发生器 $p_出$ 与 $p_入$ 之间的函数关系是由反馈凸轮的外形轮廓决定的，即 $p_入$ 在不同范围内变化其反馈强度不同。

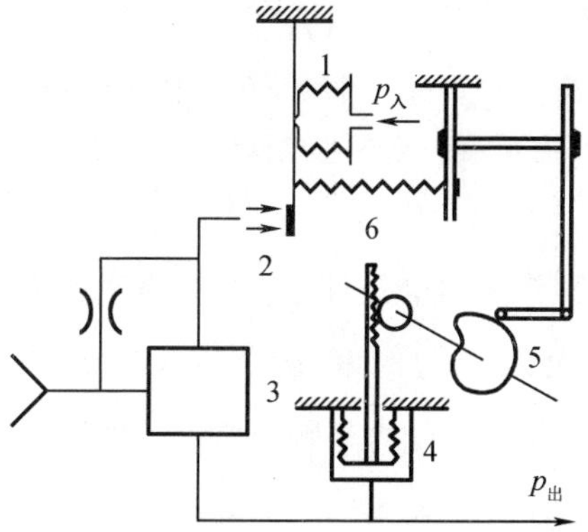

1—测量波纹管；2—喷嘴挡板机构；3—气动功率放大器；
4—反馈气室和反馈波纹管；5—反馈凸轮；6—调零弹簧；7—量程调整螺钉。

图 6－9　函数发生器结构原理图

（3）微分控制阀

该阀具有放大倍数（$K_1=1$）不可调的比例微分作用，其结构原理如图 6－10 所示。微分控制阀由膜片和隔板把它们分成 A、B、C、D、E 等 5 个气室。膜片 1，3 的有效面积 F_1 和 F_3 相等，即 $F_1=F_3$；膜片 2 的有效面积 F_2 比 F_1、F_3 大得多。这 3 个膜片在结构上是连在一起的，构成一个膜片组。来自函数发生器的 p_2 送入气室 A，主调节器的输出即燃油调节阀前的信号 p_3，一路送至 B 室，另一路经微分阀 R_4 送入 C 室。0.14 MPa 的气源经恒节流孔进入气室 E，再经喷嘴进入气室 D。在稳态时，即炉膛内的燃烧强度正好适应锅炉的负荷要求时，p_3、p_2 和微分控制阀的输出 p_0 都是不变的，膜片组受到的向下作用力与受到的向上作用力相等，其平衡方程为

$$p_2F_1+p_3F_2+p_3F_3=p_3F_1+p_3F_2+p_0F_3$$

因 $F_1 = F_3$，故 $p_0 = p_2$。

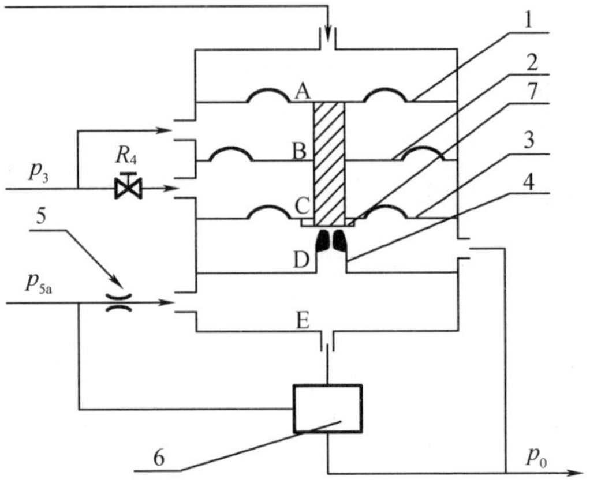

1,2,3—膜片;4—喷嘴;5—恒节流孔;6—放大器;7—挡板。

图 6-10　微分控制阀结构原理图

假定锅炉负荷突然增大，蒸汽压力会迅速下降，主调节器将立即输出一个增大的 p_3 信号，该信号使 B 室压力立即增大，因微分阀 R_4 的节流，C 室压力暂时不变，由于 $F_2 \gg F_1$，即 $p_3 \cdot F_2 > p_3 \cdot F_1$，这就破坏了膜片组的受力平衡，使膜片组下移较大的距离，挡板大大靠近喷嘴，p_0 大大增加，使风门提前有一个较大的开度。p_0 增大使 $p_0 \cdot F_3$ 增大，限制了膜片的下移，当 p_0 增加到使膜片组向上的作用力等于向下的作用力时，膜片组处于一个暂时的平衡状态，这就是该阀的微分输出。以后 p_3 经节流阀 R_4 使 C 室压力逐渐增大，由于 $F_2 \gg F_3$，膜片组向上的力逐渐增大，破坏了膜片组的暂时平衡，使挡板逐渐上移，p_0 逐渐减小，这就是微分输出的消失过程。当 C 室压力增大到与 B 室相等时，膜片组又恢复到初始平衡状态。但是，在主调节器输出 p_3 增大的同时还去开大燃油调节阀，使函数发生器的输出 p_2 增大，膜片组下移，p_0 增大。当 $p_0 = p_2$ 时，膜片组达到一个新的平衡状态，其输出 p_0 不变。可见，微分控制阀的输出 p_0 是对函数发生器送来的信号 p_2 进行放大系数（$K_1 = 1$）固定不变的比例控制。

（4）高压选择器

高压选择器的结构原理如图 6-11 所示。它由膜片和喷嘴等组成。A 接微分控制阀的输出，B 接函数发生器的输出，C 输出为空气压力控制回路的设定值。两个输入压力信号分别作用到膜片的两侧，其中高压侧将自动关闭另一侧的喷嘴，同时把高压侧压力作为输出压力。可见，高压选择器可自动地选择或设定两个信号中的高压信号，只要有0.35 kPa 大小的压力差就能使它动作。因此，过程控制信号在没有任何扰动下就能平滑地传输出去。

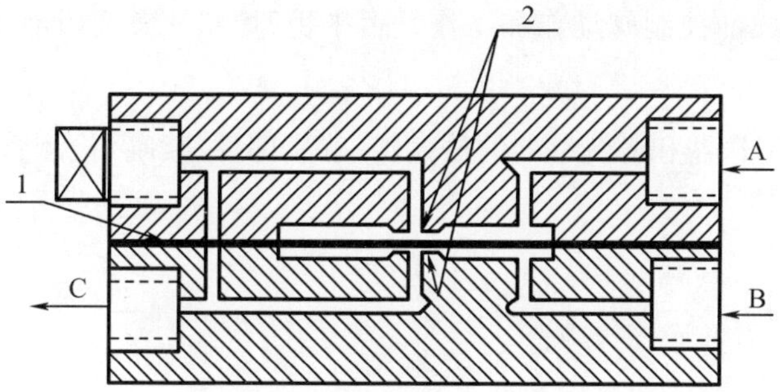

1—膜片;2—喷嘴。

图 6-11　高压选择器的结构原理图

【任务实施 1】

控制系统常见故障分析及管理要点:

一、常见故障分析

①锅炉负荷处于稳定状态,但蒸汽压力出现振荡。主要原因可能是:燃油控制阀振荡;燃油泵输送压力振荡;蒸汽压力变送器本身振荡或节流不当;主控制器的灵敏度太高等。

②锅炉负荷处于稳定状态,但检测的蒸汽压力与设定值不符。主要原因可能是:主调节器的调整不正确或蒸汽压力变送器调整不当等。

③尽管风道和炉内压力处于稳定状态,但燃烧器前风压振荡。主要原因可能是:风门驱动装置振荡;空气差压变送器本身振荡或输出管路节流不当;燃油压力变送器或函数发生器振荡;空气差压变送器的灵敏度太高等。

④锅炉在突然增加负荷时,大量冒黑烟和燃烧不稳定。主要原因可能是:当喷油器数增加时,燃油压力降低;空气量调节器灵敏度太低或太高;风门调节机构动作迟缓;微分控制阀的灵敏度低等。

⑤锅炉燃烧器进口供给空气不足。主要原因可能是:空气差压变送器的零点偏高或量程偏小等。

二、管理要点

①在锅炉运行期间,如要对蒸汽压力自动控制系统进行“手动—自动”切换,必须注意做到无扰动切换。

②要经常检查蒸汽压力等变送器的输出信号与输入的实际压力是否相符,并检查其工作是否正常。

③要经常检查燃油控制阀动作和工作是否平稳,填料压盖有没有漏泄,它是否按设计的输入信号工作等。

④蒸汽压力等变送器和各调节器的放大器、节流部件、喷嘴、检测管等要定期吹通和清洗,每年进行一次。

【知识准备 2】

一、燃烧时序控制

辅锅炉燃烧时序控制是指,给锅炉一个启动信号后,能按时序的先后,自动进行预扫风、预点火、喷油点火,点火成功后对锅炉进行预热,接着转入正常燃烧的负荷控制阶段。同时对锅炉的运行进行一系列的安全保护。辅锅炉燃烧时序控制功能框图如图 6 - 12 所示。

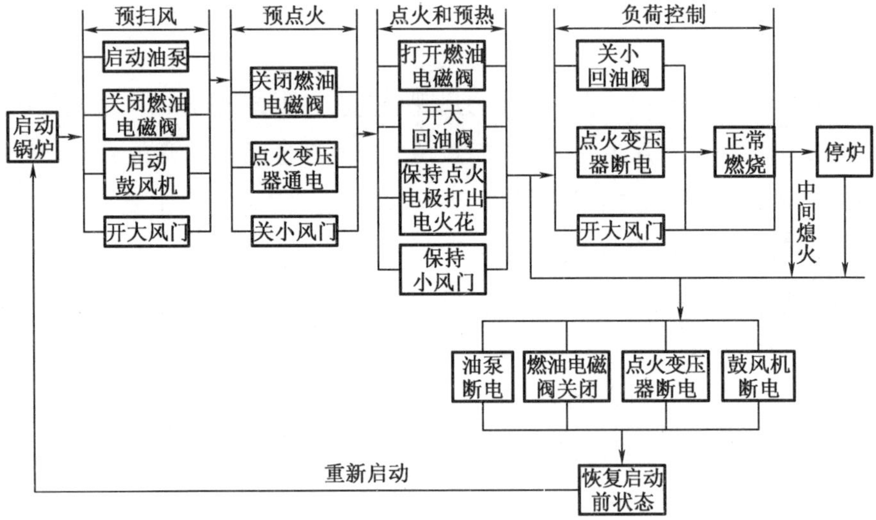

图 6 - 12　辅锅炉燃烧时序控制功能框图

按下锅炉启动按钮后,自动启动燃油泵和鼓风机,关闭燃油电磁阀使燃油在锅炉外面进行循环。此时风门开得最大,以大风量进行预扫风,以防止锅炉内残存的油气在点火时发生“冷爆”。预扫风的时间根据锅炉的结构形式而定,一般是 20 ~ 60 s。预扫风时间达到后自动关小风门,同时点火变压器打出电火花,进行预点火,时间为 3 s 左右。然后打开燃油电磁阀,开大回油阀,以小风量和小喷油量进行点火。点火成功后维持一段“低火燃烧”对锅炉进行预热,然后开大风门、关小回油阀使锅炉转入“高火燃烧”,即进入正常燃烧的负荷控制阶段。在预定的时间内若出现点火不成功、风机失灵或中间熄火等故障现象时,系统会自动停炉，待故障排除后按复位按钮方能重新启动锅炉。

为了实现辅锅炉燃烧时序控制，必然要采用下列主要元件：

1. 信号发送器

信号发送器是发送各种控制信号的元件，其中包括手动信号发送器和自动信号发送器。手动信号发送器包括启动和停炉按钮、转换或选择开关等，它们的结构和工作原理简单，这里不予介绍。自动信号发送器包括压力开关、温度开关等，它们的结构类型很多，在此也不再赘述。

2. 时序控制器

时序控制器是辅锅炉燃烧时序控制的核心部分。它根据启动信号发送器送来的电信号，接通或断开电路，或者根据规定的时间来接通或断开电路，用以实现预扫风、预点火、点火及转入正常燃烧等一系列时序动作，广泛采用的时序控制器有两大类，即有触点时序控制器和无触点时序控制器。

有触点时序控制器多采用凸轮式时序控制器，图 6－13 给出了凸轮式时序控制器结构原理图。同步电机经减速装置带动一根凸轮轴转动，在凸轮轴上通常安装有若干组凸轮，每一组凸轮控制一个微动开关。每组凸轮由右凸轮和左凸轮构成，用来控制开关触点的闭合或断开。改变左、右凸轮的相对位置可以调整开关闭合或断开的时间。

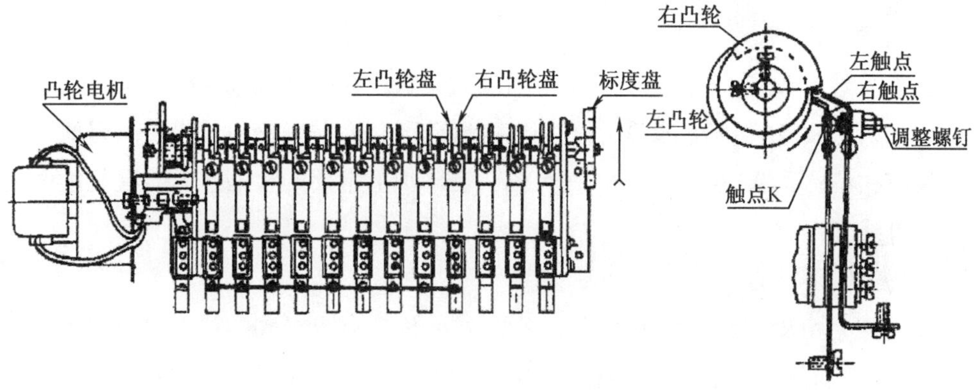

图 6－13　凸轮式时序控制器结构原理图

无触点时序控制器是利用电阻－电容（RC）电路延时功能实现的。通常把 RC 充放电回路加在晶体管基极电路中，利用晶体管的开关特性使继电器通电动作或断电释放，如图 6－14 所示。

图 6－14（a）为单管延时释放电路。开关 K 闭合时，电容被旁路，晶体管立即导通，继电器 J 通电动作。当开关 K 断开时，电源向电容充电。在一段时间内晶体管基极的充电电流较大，晶体管保持导通，继电器 J 保持通电。随着电容的充电，电容两端电压不断升高，充电

电流不断减小，晶体管集电极电流不断减小，经延时后继电器 J 断电释放。

图 6－14(b)是继电器延时通电电路。当开关 K 闭合时，电容被旁路，晶体管立即截止，继电器 J 立即断电释放。当开关 K 断开时，电源向电容充电，起初充电电流较大，晶体管基极电流近似为零。以后随着电容两端电压的升高，晶体管基极电流不断增大，经延时后，基极电流增大到使晶体管导通，继电器 J 通电动作。晶体管延时开关电路的延时时间取决于 RC 电路的时间常数及继电器的动作电流，延时时间可以从 1 s 到几十秒内进行无级调整。

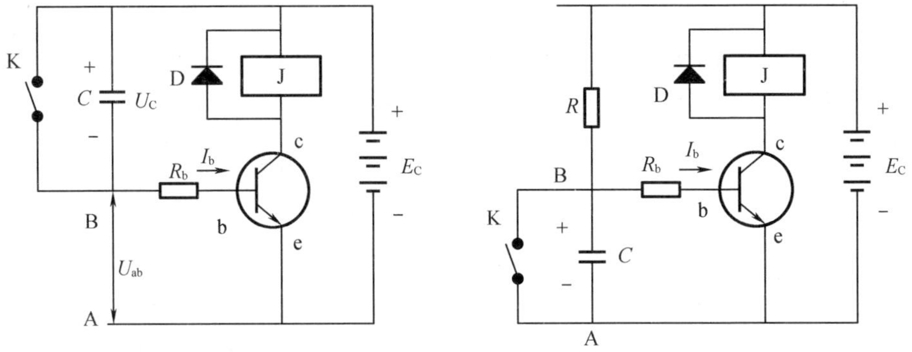

(a)单管延时释放电路　　(b)继电器延时通电电路

图 6－14　晶体管延时开关电路

3. 火焰感受器

火焰感受器用来监视炉膛有无火焰。当点火失败或在持续燃烧期间熄火时，为避免再向炉内喷油引起故障，要求立即关闭燃油电磁阀停止喷油，并发出声光报警。因此，自动化锅炉都装有火焰感受器来监视炉膛内的火焰。辅锅炉上常用的火焰感受器有光敏电阻、光电池和紫外线管等。

(1)光敏电阻

光敏电阻是由涂在透明底板上的一片光敏层，经金属电极和导线引出而制成的，如图 6－15 所示。光敏层由铊、镉、铅的硫化物或硒化物制成，光敏电阻的主要特性是，接受光照射时其电阻值很小，无光照射时其电阻值较大。因此，在光敏电阻两端所加电压不变的情况下，有光照射和无光照射时流过光敏电阻的电流相差很大。用光敏电阻组成的火焰感受器如图 6－16 所示。为了防止光敏电阻接受高温炉墙所辐射的可见光和红外光使光敏电阻动作迟延或误动作，在安装时要避免高温炉墙辐射线直接照射在光敏电阻上。此外，光敏电阻不能承受高温，否则会影响使用寿命。因此，光敏电阻火焰感受器装有散热片并用空气冷却，磨砂玻璃可阻挡红外线的透入。

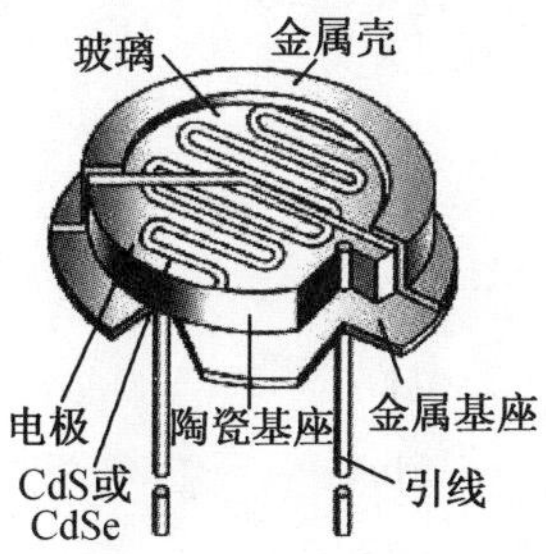

图 6－15　光敏电阻

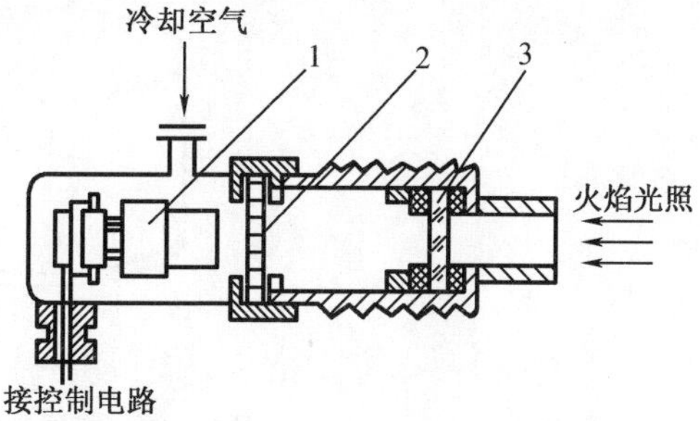

1—光敏电阻;2—磨砂玻璃;3—耐热玻璃。

图 6－16　火焰感受器

(2)光电池

光电池是一种半导体材料,它是利用有光照射后在两极间产生电压的原理工作的。图 6－17 为光电池控制电路原理图。其中,图 6－18(a)采用 RAR 型硒光电池作为光敏元件,当它接受光照射时,正负两极之间将会产生小于 1 V 的电压,经电磁放大器 MV 放大后足以激励继电器 FR 动作;图 6－17(b)采用 2CRⅡ型光电池,当它接受光照射时,光电池两极间能产生 0.5 V 的电压,经晶体管放大器放大后,可使继电器 J 通电动作。光电池使用寿命长,而且它的光谱敏感范围仅限于可见光,而不包括红外线。这一特点十分有利于对炉膛内火焰进行监视,因此近年来光电池使用得越来越多。

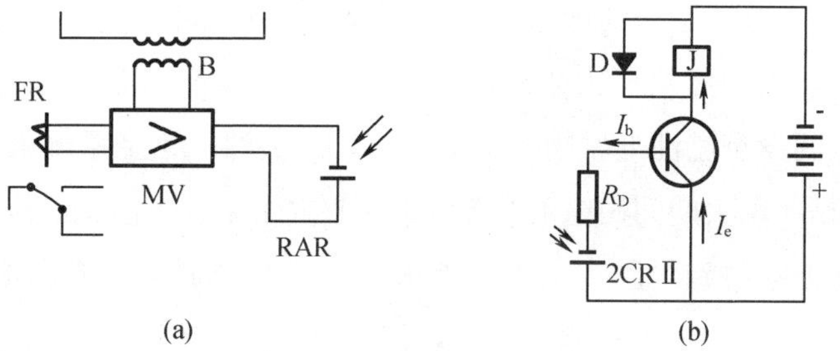

图 6－17　光电池控制电路原理图

(3)紫外线管

紫外线管的结构如图 6－18 所示,管泡外壳是用能透过紫外线的石英玻璃制成的,泡内充以惰性气体,两个电极对称放置。当阴极接收到足够数量的紫外线时会发射出光电子。在外电场的作用下,光电子加速运动使惰性气体电离,管子导通;若无光照射,紫外线管截止。紫外线管的优点是不受高温炉壁辐射的影响,它的特性较光敏电阻好,且在交直流控制线路中均可使用。

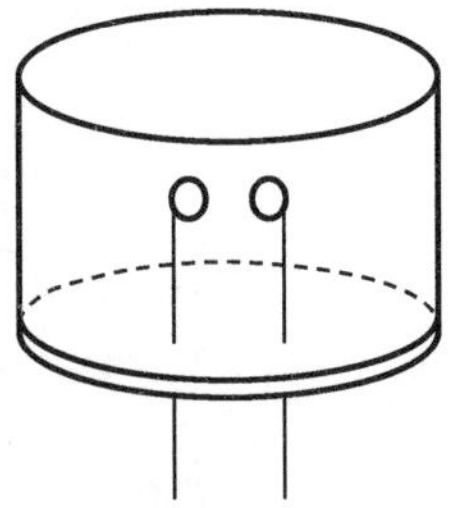

图 6-18　紫外线管结构示意图

二、PLC 控制的燃烧时序控制系统工作原理

可编程逻辑控制器(PLC)作为传统继电接触器控制系统的替代产品已广泛应用于工业控制的各个领域。PLC 采用软触点实现常规继电器的控制功能,具有体积小、组装灵活、编程简单、抗干扰及可靠性高等特点,非常适合于在恶劣的工业环境下使用。PLC 在船用辅锅炉自动控制系统中的应用已相当普及。

目前,西门子公司生产的 PLC 在船舶设备控制中得到广泛的应用,下面将以西门子 S7-200 系列的 PLC 为例,介绍辅锅炉燃烧时序的 PLC 控制。

1. 系统概述

系统采用参考水位罐和气动差压变送器检测锅炉的水位。差压变送器输出的 0.02 ~ 0.1 MPa 气压信号与锅炉的实际水位成正比,一路送到远距离显示仪表(气动色带指示仪)来显示锅炉水位;另一路分别送到低水位、高水位和危险低水位三个压力开关,以此来控制水泵向锅炉供水等。锅炉蒸汽压力采用压力开关来实现双位控制。燃油循环、蓄压、加热系统管路到油头之间设有燃油电磁阀控制是否向炉内供油。燃烧系统采用单油头、定油量和定风量燃烧,只是在点火期间用电磁线圈控制风门挡板将风门关小;并且不设点火油头,直接用点火电极给油喷射到炉膛内的重油点火。火焰监视器采用光电池作为火焰检测传感器。系统设有中途熄火、危险低水位、低风压和蒸汽压力超压等安全保护装置。自动控制系统失灵时可转为手动操作。

锅炉启动前,应检查锅炉是否处于可启动状态,例如锅炉的水位、燃油系统的温度和压力等。准备就绪后,可把“手动/自动”转换开关转到“自动”位置,燃烧时序控制系统开始自动投入工作。这时控制系统自动启动油泵和风机,关闭燃油电磁阀,并将风门开到最大,以大风量进行预扫风;预扫风过程结束后,控制系统会自动关小风门,点火变压器通电进行预点火;然后打开燃油电磁阀进行供油点火,在点火时间内要求小风量、少喷油;光电池用来监视点火是否成功,在设定的点火时间内,如果炉膛内有火焰说明点火成功,否则说明点火失败,自动停炉,待故障修复后再重新启动;点火成功后维持一段时间低火燃烧对锅炉进行预热，然后开大风门，关小回油阀，增强炉膛内的燃烧强度，使锅炉进入正常燃烧的负荷控制阶段。如果发生风机失压、水位太低、中间熄火、点火失败等现象，会自动停炉对锅炉进行安全保护。待故障排除后按复位按钮才能重新启动锅炉。

2. PLC 及其控制程序

(1)PLC 的 CPU 型号及其输入输出通道分配

本系统采用的是西门子 S7－200 PLC，CPU 型号为 226。226 CPU 模块本身具有 24 路开关量输入、16 路开关量输出和丰富的定时器资源。I/O 通道的项目名称、定时器名称及其地址分配见表 6－1。

表 6－1　I/O 通道的项目名称、定时器名称及其地址分配

序号	名称	地址	注释	序号	名称	地址	注释
1	水泵停止	$I_{0.0}$	转换开关	22	水泵控制	$Q_{0.0}$	输出继电器
2	水泵自动	$I_{0.1}$		23	风机控制	$Q_{0.1}$	输出继电器
3	水泵手动	$I_{0.2}$		24	油泵控制	$Q_{0.2}$	输出继电器
4	燃烧停止	$I_{0.5}$		25	点火变压器控制	$Q_{0.3}$	输出继电器
5	燃烧自动	$I_{0.6}$		26	风门挡板控制	$Q_{0.4}$	输出继电器
6	燃烧手动	$I_{0.7}$		27	燃油电磁阀	$Q_{0.6}$	输出继电器
7	风压低保护开关	$I_{1.0}$	输入触点	28	熄火保护	$Q_{0.7}$	输出继电器
8	蒸汽压力控制开关	$I_{1.1}$	输入触点	29	水泵运行指示	$Q_{1.0}$	输出继电器
9	危险低水位开关	$I_{1.2}$	输入触点	30	风机运行指示	$Q_{1.1}$	输出继电器
10	高水位开关	$I_{1.3}$	输入触点	31	油泵运行指示	$Q_{1.2}$	输出继电器
11	低水位开关	$I_{1.4}$	输入触点	32	熄火指示	$Q_{1.3}$	输出继电器
12	水泵热保护开关	$I_{1.5}$	输入触点	33	危险低水位指示	$Q_{1.4}$	输出继电器
13	风机热保护开关	$I_{1.6}$	输入触点	34	低风压指示	$Q_{1.5}$	输出继电器
14	油泵热保护开关	$I_{1.7}$	输入触点	35	报警器控制	$Q_{1.6}$	输出继电器
15	风机油泵自动	$I_{2.1}$	转换开关	36	定时器 1	T_{33}	通电延时断开，70 s
16	风机油泵手动	$I_{2.2}$		37	定时器 2	T_{34}	通电延时闭合，60 s
17	复位按钮	$I_{2.3}$	按钮触点	38	定时器 3	T_{35}	通电延时闭合，60 s
18	蒸汽超压保护开关	$I_{2.4}$	按钮触点	39	定时器 4	T_{36}	通电延时闭合，62 s
19	手动燃油电磁阀开关	$I_{2.5}$	按钮触点	40	定时器 5	T_{97}	通电延时闭合，60 s
20	手动点火按钮	$I_{2.6}$	按钮触点	41	定时器 6	T_{98}	通电延时断开，60 s
21	火焰监视器	$I_{2.7}$	按钮触点	42	定时器 7	T_{32}	通电延时闭合，10 s
				43	定时器 8	T_{96}	通电延时断开，2 s

(2)外部接线及梯形图

辅锅炉燃烧时序控制系统的 PLC 外部接线如图 6－19 所示。

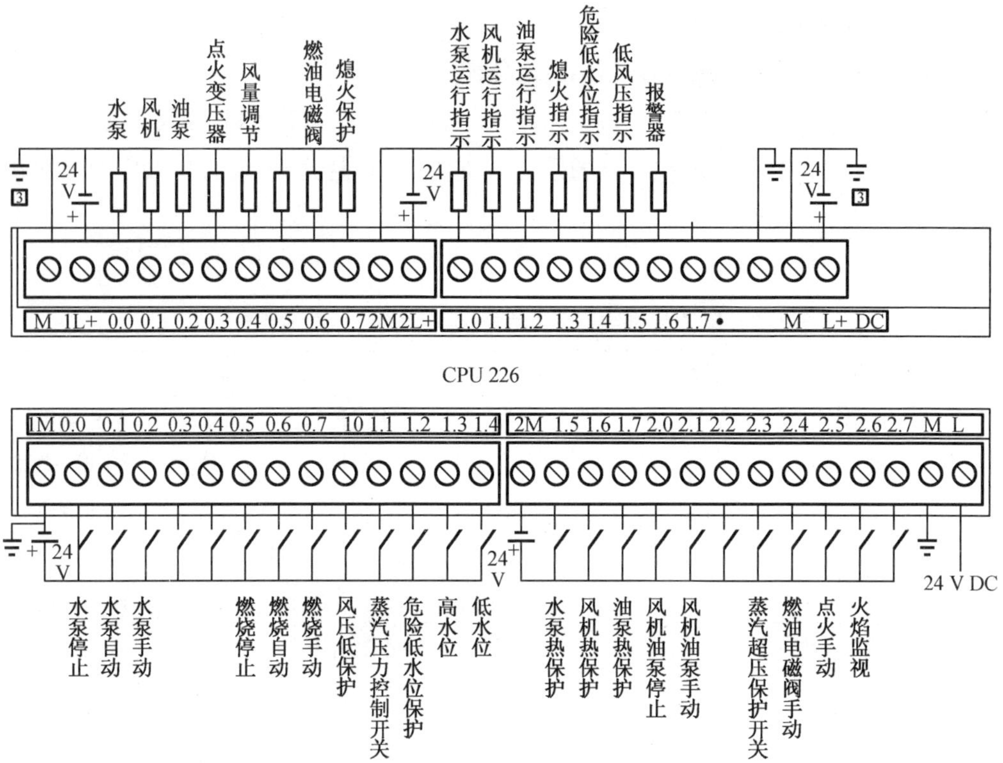

图 6－19　辅锅炉燃烧时序控制系统的 PLC 外部接线图

【任务实施 2】

燃烧时序控制系统的管理与维护要点：

如果辅锅炉燃烧时序控制系统采用 PLC 控制，而 PLC 具有很高的可靠性，因此燃烧时序控制系统的日常管理与维护工作不是太多，主要是对 PLC 控制系统的日常管理与维护。

一、日常维护检查的注意事项

①应注意系统的环境温度、湿度以及是否积尘。

②检查系统的供电和输入输出使用的电源是否在基准范围之内，尽量避免不必要的停电。

③检查外部配线螺丝有无松动，外部配线电缆是否有断裂。定期检查 PLC 系统的 I/O（输入/输出）的接线情况。特别注意，尽量不要将灰尘、油污弄到接线端子上，以免引起接触不良。

④注意输出继电器的寿命,检查控制系统外部电气、继电器触头、滑动接触电器的状况。

⑤在 PLC 产品中,有些会使用电池以保证在停电时 CPU 模块内存中存储的工作参数等信息不丢失。要经常注意电池故障灯状况,一旦灯亮,就应在一周之内更换电池。对于西门子 S7 系列 PLC,更换时应保持电源供电,即带电更换电池;而日本的一些 PLC 产品,如欧姆龙集团、三菱电机集团和富士电机公司的产品,在更换电池时是断电更换的,这是因为在更换的过程中,有一个大电容在放电,这类 PLC 在更换电池时往往要求在数十秒内完成即可。电池的更换周期一般不超过 5 年。为防止意外,要求船上始终要存有该电池的备件。

⑥阅读系统的技术资料,接船、交船时对系统进行全面的功能测试或进行模拟试验。注意与资料对照或记录系统正常工作时的参数,注意系统正常运行时的仪表和指示灯显示,以便在维修或发生故障时进行对照。

一、常见故障分析与排除

燃烧时序控制系统的功能是自动根据时间顺序与过程状态和控制指令对执行机构发出控制信号,对被控锅炉进行控制。在 PLC 时序控制系统中,各种物理量(如风压、火焰状态、气压和水位等)都是以电信号的形式输入到 PLC,由 PLC 中预先输入的用户程序进行处理。当系统的功能不符合该系统的规定时,则应该是系统出现了故障。

在故障查找时,一般先看电源是否正常。如果电源正常,再看故障的影响范围,是整个系统(包括 PLC 设备的显示信息和被控制的设备)都瘫痪,还是局部的故障(此时,PLC 模块的"RUN"LED 灯仍然亮,PLC 设备基本没有问题)。如果是局部故障,则使用提供的技术资料图纸,找到该项出问题的功能所涉及的外部逻辑条件及其所对应的具体 I/O 通道和具体设备,进行检查测量。

下面介绍一些故障排除方法和注意事项:

①在进行故障判断前要熟悉系统的结构、工作原理、功能和操纵方法,熟悉操作开关的用途、显示灯的含义,熟悉各种操纵方式之间的转换方法和相互关系、系统运行的条件和结果,仔细阅读说明书。充分利用显示灯、LED 灯的信息,尤其是自检显示的信息。发生故障时,可以首先查看 PLC 的 CPU 模块"POWER"LED 灯显示,判断是否是电源故障。如果"POWER"LED 灯亮,再查看"RUN"LED 灯是否亮,如果灯灭,表示 PLC 运行停止,这可能是扩展模块或外部通信连接不好所致。

②如果是 PLC 硬件故障,可通过更换 PLC 模块备件的方式进行解决。若硬件无故障,而系统的控制功能不符,应根据故障的具体现象,考虑其他原因。例如,锅炉点着火后,但很快又出现火焰故障报警,随后停炉,则可检查火焰监测器前面的隔热玻璃是否脏污。又如,锅炉点火过程中两点火电极间不打火,则应检查点火变压器的输出,拆下点火电极进行

清洁并重新调整两电极间的间隙到合适的距离。

③当经过测试,输出点的LED灯显示表明系统的输入/输出信号控制关系正常,而执行机构没有随其动作时,应根据电气原理图和接线图检查外部的继电器、电磁阀或者外部电气连接。

④在使用键盘修改系统工作参数或通过印刷板上的微调电位器修改系统工作参数之前,最好记录其原始数据或原始位置,以便在修改无效时,恢复初始值。

⑤拔插印刷电路板或模块时,要关闭电源。记住模块或印刷电路板的型号和在插槽的原始位置。要将新模块上的可设置的拨动开关、跳线、电位器设置的与原有模块一致。

⑥还有许多注意事项,如保证系统可靠、正确地接地,避免电磁干扰(如大负载电缆靠近PLC系统),等等。

三、船舶蒸汽锅炉的安全保护

蒸汽锅炉是船舶机舱重要的辅助设备,其运行情况直接关系到船舶机舱用气设备的正常工作;另外,锅炉属于压力容器,一旦发生爆炸,将对人身和财产安全造成重大事故。因此,船舶蒸汽锅炉要采取严格的安全保护措施。

1.蒸汽压力保护

蒸汽压力保护的目的主要是为了防止蒸汽压力超过汽包的设计压力,避免发生爆炸事故。蒸汽压力保护的手段是在锅炉上安装安全阀,一旦蒸汽压力超过安全阀的设定压力,安全阀能够自动开启,对炉内压力进行泄放。

锅炉一般安装有两个安全阀,通过安全阀的调压弹簧可以调整安全阀的开启压力,开启压力的大小可为大于实际工作压力的5%,但应不超过锅炉的设计压力。安全阀在开启状态的泄压能力有相应的规范要求,这要通过设计和制造环节加以保证。从管理的角度来讲,应对其进行定期试验。试验时可关闭主蒸汽阀,对锅炉进行升火,观察压力表,确定是否能够正常开启;若不能,则需调整安全阀的调压弹簧,直到能正常开启为止。

为保证应急情况下能够手动开启安全阀,必须设有远距离操作装置,必要时可通过远距离手动操作的方式将安全阀强制打开。

2.水位安全保护

在正常情况下,锅炉的水位在控制系统的控制下将保持正常水位,对于水位连续控制的锅炉,水位能稳定在设定水位附近;若是双水位,则其水位应该在水位的上限和下限之间波动。

但在故障情况下,若出现低水位报警后,水位还继续下降,则会出现锅炉干烧的情况,为此,锅炉必须设有危险水位保护装置。当水位下降到危险水位时,保护装置应能切断锅炉的燃烧,并发出报警。

锅炉的危险水位报警和保护装置一般独立于水位自动控制系统,包括专门的浮子室、浮子开关和控制电路。

危险低水位保护装置也应该定期检查和试验,对于控制电路,可以通过短接浮子开关输出接线端子,模拟浮子的动作,试验自动停炉功能。对于浮子室及浮子开关,可以关闭浮子室的通气和通水阀,再打开浮子室泄放阀,让浮子室水位下降,测量浮子开关输出接线端子之间的通断情况。

3. 熄火保护

熄火保护是在锅炉非正常熄火时,能及时切断锅炉的燃油系统,并发出声光报警。熄火保护装置是锅炉点火时序控制系统的一部分,主要由火焰探测器及其控制电路组成。该系统不仅在中途非正常熄火时起作用,而且在点火过程中还用于判断点火是否成功。熄火保护装置的试验可以在正常燃烧过程中人为断开火焰探测器的接线,以试验其熄火停炉功能。

【实训指导】

一、操作训练的设备和器材

辅锅炉自动控制系统模拟实训装置一套。辅锅炉自动控制系统面板布置如图 6－2 所示。

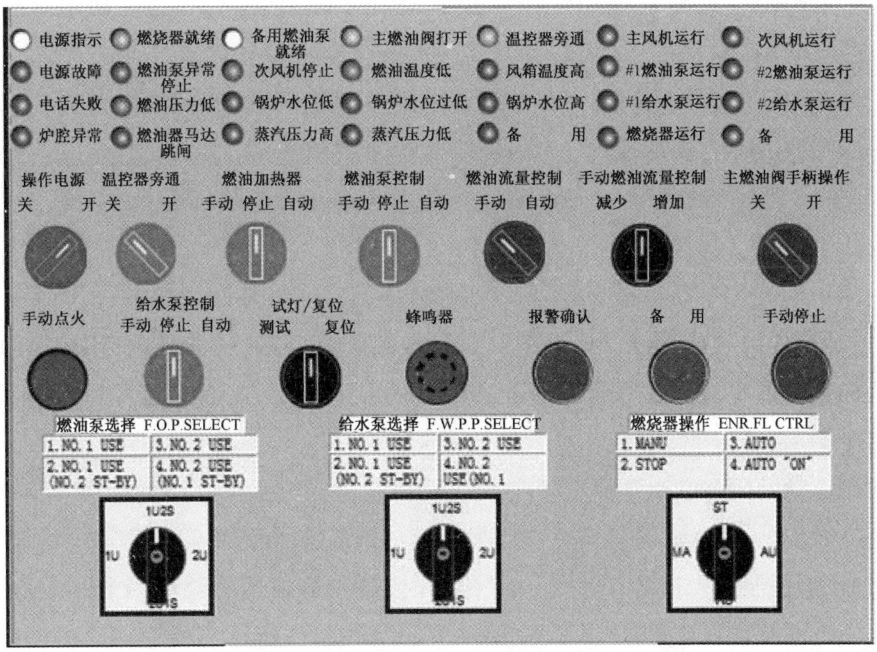

图 6－20　辅锅炉自动控制系统面板布置

本系统中,燃油锅炉自动控制功能基本在控制面板上实现,控制面板主要由系统状态指示灯、操作及转换开关、报警装置与复位按钮等组成。

二、操作内容和步骤

1. 准备工作

①检查系统及仿真计算机工作是否正常;

②检查网络连接情况,正常情况下开机后运行程序不会出现错误,如果运行程序后出现"套接字错误",请检查网络连接是否正常,包括仿真计算机与设备交换机的连接、交换机与通信板卡的连接;

③结合模拟屏,对系统组成及基本功能进行简要说明。

2. 操作步骤

程序运行后,首先将"操作电源"旋钮转至"开"的位置,此时电源指示灯亮,由于系统没有启动,因此次级风机处于停止状态,燃油温度及燃油压力均报警,蜂鸣器鸣响,需要按下"报警确认"按钮对警报进行复位。

(1)系统准备工作

①启动燃油系统

燃油泵分为点火油泵和燃油供给泵两种,燃油供给泵的启、停可以由"燃油泵控制"与"燃油泵选择"旋钮共同控制,具体如下:

a."燃油泵控制"旋钮选择为"手动"位置时,由"燃油泵选择"旋钮决定启动哪台燃油泵:

1U2S——1 号燃油泵启动,2 号燃油泵备用,同时备用燃油泵就绪指示灯亮;

1U——仅使用 1 号燃油泵;

2U1S——2 号燃油泵启动,1 号燃油泵备用,同时备用燃油泵就绪指示灯亮;

2U——仅使用 2 号燃油泵。

b."燃油泵控制"旋钮选择为"停止"位置时,不能启动任何一台燃油泵。

c."燃油泵控制"旋钮选择为"自动"位置时,系统会根据"燃油泵选择"旋钮的设定自动启动其中一台燃油泵。

②启动给水系统

给水泵启动方式与燃油泵相同,由"给水泵控制"与"给水泵选择"旋钮共同控制,具体如下:

a."给水泵控制"旋钮选择为"手动"位置时,启动哪台给水泵由"给水泵选择"旋钮决定:

1U2S——1 号给水泵启动,2 号给水泵备用;

1U——仅使用1号给水泵；

2U——仅使用2号给水泵；

2U1S——2号给水泵启动,1号给水泵备用。

b.“给水泵控制”旋钮选择为“停止”位置时,不能启动任何一台给水泵。

c.“给水泵控制”旋钮选择为“自动”位置时,系统会根据“给水泵选择”旋钮的设定自动起动其中一台给水泵。

(2)点火及升压

①手动DO点火程序

a. 检查锅炉水位及给水系统中各阀门的开闭状态是否正确,油柜油位及燃油系统中的阀门是否在正确位置。若水位低于过低水位,启动一台给水泵补水。

b. 打开清油日用柜至锅炉的速闭阀,将轻、重油柜之间的连通阀打开,保持重油油柜出口速闭阀关闭,使锅炉使用轻油点火。

c. 系统若有警报,按“报警确认”按钮进行消音,旋转“试灯/复位”进行报警复位。打开燃油供给泵、点火油泵进口截止阀,关闭燃油预热器进口截止阀,旁通燃油预热器。

d. 将燃油供给泵设置到“手动”位置,给水泵根据需要设置,将“燃油流量控制”旋钮保持在所需位置上。

e. 将锅炉控制模式选择到“手动”位置,控制程序将自动启动主风机和次级风机进行锅炉扫风,扫风持续约60 s。扫风完毕后自动关小风门挡板,启动点火油泵,为点火做准备。

f. 风门关小到适当位置后,“手动点火”按钮指示自动点亮,表示此时可以进行手动点火操作。按下“手动点火”按钮,点火变压器将点火油头点燃,此时手动控制“主燃油阀手动操作”至“开”位置,打开主油头,点火油头将主油头点燃。

g. 锅炉火焰探测器检测到锅炉点火成功后,自动停止点火油泵的运行。手动点火模式下,控制系统会保持在最小供油量的15%位置,此时可以通过手动操作“手动燃油流量控制”旋钮,进行增加或减少燃烧油量控制,随着油量的增加或减少,风门自动开大或关小。

h. 锅炉燃烧一定时间后气压上升,此时可以慢慢开启主停气阀门,开始往外供气。

②自动DO点火程序

a. 分别检查锅炉燃油供给系统、给水系统是否正常,对系统报警进行确认与复位操作。

b. 将“燃油泵控制”“燃油流量控制”旋钮转至“自动”位置,“主燃油阀手动操作”至“关”位置。系统将自动启动主风机和次级风机进行锅炉扫风,扫风持续约60 s后,自动关小风门挡板,启动点火油泵,并将点火变压器通电进行预点火。

c. 预点火成功后,自动开启主油头点火。锅炉火焰探测器检测到主油头点火成功后,自动停止点火油头和点火变压器工作,系统转入自动燃烧管理。

③DO 换 FO

锅炉产生蒸汽后，打开重油油柜出口速闭阀，开启锅炉蒸汽控制阀，同时保持“燃油加热器控制”旋钮在“自动”位置，用锅炉蒸汽对锅炉燃油加热器进行加热，当燃油加热温度达到设定温度后，“锅炉温度低”指示灯自动熄灭，此时关闭轻、重油油柜之间的连通阀，锅炉转为重油燃烧。一般重油正常的燃烧温度应保持在 90 ℃以上、140 ℃以下。

(3)手动停炉程序

①在手动模式下按下“手动停止”按钮，锅炉启动停止时序，包括蒸汽吹扫，后扫风时序；

②直接停止燃油供给泵，锅炉会因为燃油压力低导致故障而停炉，并触发相应报警。